U0115662

心教

Education of the Satir Model

萨提亚唤醒孩子内驱力

李崇建——著

CNS 湖南文艺出版社
PUBLISHING & MEDIA
中南出版传媒 HUNAN LITERATURE AND ART PUBLISHING HOUSE

博集天卷
CS-BOOKY

著作权合同登记号：图字 18-2022-093

图书在版编目（CIP）数据

心教：萨提亚唤醒孩子内驱力 / 李崇建著 . -- 长沙：湖南文艺出版社，2023.1（2024.6 重印）
ISBN 978-7-5726-0936-7

Ⅰ . ①心… Ⅱ . ①李… Ⅲ . ①家庭教育 Ⅳ . ① G78

中国版本图书馆 CIP 数据核字（2022）第 213495 号

上架建议：儿童心理·亲子教育

XINJIAO：SATIYA HUANXING HAIZI NEIQULI
心教：萨提亚唤醒孩子内驱力

著　　　者：李崇建
出 版 人：陈新文
责任编辑：刘雪琳
监　　制：邢越超
策划编辑：李美怡
特约编辑：彭诗雨
版权支持：张雪珂
营销支持：文刀刀　周　茜
封面设计：壹诺设计
版式设计：梁秋晨
内文排版：百朗文化
出　　版：湖南文艺出版社
　　　　　（长沙市雨花区东二环一段 508 号　邮编：410014）
网　　址：www.hnwy.net
印　　刷：三河市天润建兴印务有限公司
经　　销：新华书店
开　　本：680mm×955mm　1/16
字　　数：249 千字
印　　张：18.5
版　　次：2023 年 1 月第 1 版
印　　次：2024 年 6 月第 2 次印刷
书　　号：ISBN 978-7-5726-0936-7
定　　价：49.80 元

若有质量问题，请致电质量监督电话：010-59096394
团购电话：010-59320018

一盏点亮教育之路的心灯

新加坡行知文教中心创办人　陈君宝

认识李崇建老师是通过许荣哲老师的推荐。那年我经常邀请许老师来新加坡演讲，许老师特别把他推荐给我。第一次邀请崇建老师给新加坡老师上课，是在 2012 年 11 月。我带了二十多位新加坡教师前往中国台湾学习，专门邀崇建老师给大家上课。

崇建老师的演说非常有魅力，内容也非常丰富，利用的个案有说服力。他用实际的例子让参与者进行演练，也分享掌控个人情绪的方法，这些对老师们来说非常有用，因为他们可以在生活及教学中应用。如果能让更多老师、家长深入地理解并掌握这套方法，更多孩子就会免于陷入无助与孤单中。

崇建老师第一次来新加坡演讲是 2013 年 1 月，之后的两年里，他陆续来了新加坡五次，每次都会演讲十几场，每场演讲都非常受欢迎。他的演讲包括阅读、写作、品格教育及亲子教育，这些都是学校所重视的项目。崇建老师教育方法的另一个特色就是结合萨提亚模式及正向引导的方式来提升孩子的学习能力，这也是一般老师比较少用的。其实，不管是家长还是老师，都非常需要学习这套方法。

和崇建老师交流，既像是上了一堂教育心理学的课，又像是观看一场动人的电影，电影落幕后，在脑海中挥之不去的是崇建老师与学生之间的高质量对话。崇建老师将理论结合实际让我不由得回忆起自己曾经遇过的状况，反思当时的做法给孩子带来了什么影响，甚至思考如果能重来一次，我又会怎么处理。我亲临他的教学现场，观察他与学生互动的过程，让我印象最深刻的就是他如何正向地引导和赞赏孩子。

崇建老师让许许多多的新加坡老师和家长开始认识萨提亚模式，开始认识自己。家长和老师们把所学的运用在自己的生活及教学上，受益良多。

崇建老师也让许许多多的学生找到了学习语文的动力，对写作有了信心。为了进一步协助新加坡孩子学好语文，崇建老师义务担任了新加坡一所语文学校——耕读园的课程老师兼亲子教育顾问。

崇建老师的课如一盏心灯，照亮了黑暗世界的角落；如一把心钥，打开了幸福天堂的大门！谢谢他每一场精妙绝伦的演讲，让我和每一位听他演讲的家长和老师的心灵得到了充分的滋养。

萨提亚模式，带来心静的力量

"学思达"教学法创始人、学思达基金会创始人 张辉诚

崇建和我同往南京演讲，途中他对我说："也许你不相信，我感觉内心的能量越来越强大。"

虽然当时我并没有回答，但其实我内心很清楚，因为我确实感受过那种内在深厚而稳定的力量。

初次跟崇建见面是在桃园机场登机柜台前，当时我只知道他是好友徐国能的学长，之前写了一篇自己在新加坡旅馆特地抽空观看学思达影片的心得文字，那时候学思达刚起步没多久，有些人还对学思达表示怀疑，甚至冷嘲热讽，但是素昧平生的崇建已经这样写道："张辉诚演讲中的大部分内容，我都同意，由体制内教师说出来、做出来，我认为相当不容易……"初看此文，我心中很温暖。

即使如此，怕生的我与初次见面的人聊天仍是件难事。

崇建很快就开始和我聊天，他的语气平和而稳定，不卑不亢，没

有讨好，没有鄙视。他开始谈起自己的成长历程，我感到不可思议。我也开始讲起我卑微的家庭、自卑的心态、压抑的情感，还有因自卑而形成充满攻击性的性格……崇建一边听着一边回应："其实我们这种家庭长大的小孩都会这样……"我没想到他会以这种方式回应，我感到非常温暖。后来，我才知道这就是崇建强调的"接纳"和"同理心"。他又讲起他如何接触萨提亚，如何改变他的教学与辅导，甚至改变他的生命，造就他现在所呈现的生命状态。对话当中，我很快就看出崇建将萨提亚模式融入教育现场的开创性与珍贵性，并且他的话语总能关注感受，让我感到自己的价值感。

关注感受和有价值感对人身心健康是非常重要的。如果不注重自我感受与他人感受的话，常常会造成自伤而后伤人的局面；人失去价值感，人生的内在动力就会消失得无影无踪。崇建曾在《麦田里的老师》一书中说起自己过去是如何不懂辅导学生、不懂处理自我情绪、不懂处理他人与自我的感受，也坦言自己是接触萨提亚后一步一步锻炼深化才变成现在这个模样，可以安顿自己，又能安顿他人。

为学日益，为道日损。崇建这本书之珍贵，在于有理论，更有实践、技巧和方法。他在焦躁又充满冲突的世界中提供最简便的静心方式，让躁动的人们感受到平静与喜悦。

改变，来自渴望

台中教育大学语教系助理教授　刘君珸

我是一位平凡的教师，能够获得书写这篇序文的殊荣，是因为崇建老师说，我是听过他的讲座"最多次"的大学教师。为什么会"追逐"着崇建老师的讲座呢？其实我一直没有答案。直到读了此书，才明白自己就像书中的云杉一样，原来，我是如此想要改变！

虽然我想改变，但是自认为能够大方分享内心世界的我，其实并没有勇气接受崇建老师"正面探索的问话"，因为，崇建老师总是会推倒人们内在的冰山。我深深地恐惧自己的感受、渴望和期待将不受控制，恣意奔腾，因此，在崇建老师面前我一开始是三缄其口的，但是想改变的心一直都推动着我。"改变"所经历的起起伏伏，所遭遇的阻碍关卡，还好有崇建老师的讲座一路相伴。

阅读此书，就像是在倾听崇建老师的讲座：一面搅动着内在的冰山，一面又看见改变的契机。或许，有许多人没有我这样的好运，可以听这么多次崇建老师的讲座，然而，阅读此书可以无数次地"回放"，任意地"倒带"，不亚于亲临讲座；或许，也有许多人像我一样，想要改变，却因胆怯而不敢表达，我将为这些朋友分享我"改变"的经历，以回馈崇建老师这几年来对我们这群师生不厌其烦的教导和示范。

"正面探索的问话不是一种策略"，这是崇建老师讲座上所强调的；然而，在我实践的过程中，是在经历了许多波折后才能真正地体会这句话的含义。

令人疑惑的一致性沟通姿态

崇建老师善于讲故事，在故事中带出萨提亚模式的冰山理论和应对姿态，我也在老师的引介下翻遍了市面上关于萨提亚模式的各式图书。

我看懂了四种应对姿态，也随时能够"对号入座"——觉察自己对孩子的"指责"，对学生的"讨好"，对同事的"超理智"，对朋友的"打岔"，以及这四种姿态的牵动关系。然而，我一直无法体验"一致性表达"——语言要"带有感受、思维、期待、愿望及不喜好的诚实"，这是什么样的语言？带有感受不就陷于情绪化了吗？运用思维所说的话语，还有融入感受的空间吗？表达出"不喜好"，合适吗？暴露内在愿望会不会过于直接而不礼貌呢？

描述"一致性表达"的语言浅显易懂，但是，我无法想象那是什么状态，即使崇建老师多次示范，我所看到的都只是"表面"，看不见老师内在宁静和谐的世界，也许我不相信这是普通人可以拥有的内心世界，因此，我便看不见了，就算看见了，也未必懂得。

忽然"看见"了家庭图像

看见了自己的应对姿态，却无法做出一致性表达，是最令人沮丧的。愤怒后的自责，讨好后的羞愧，超理智后的孤独，打岔后的疲倦，因为"知道"，反而加深了"感受"；然而，我无能为力。

有一天，全家人围餐桌而坐，经历了一场言语间的不愉快。我清清楚楚地看见我们一家子都以"指责"的姿态应对着彼此，而后结成由责备所串联的锁链，我也被牢牢地绑在这锁链当中，沉重的无力感席卷而来。这幅图像清晰地印刻在我的脑海里，由此我想到一本关于萨提亚模式的书上曾讲过，只要一角松动了，家庭图像就会改变。那么，在家里最先松动的这一角除了我，还会是谁呢？我决定先从自己改变。

改变，要先整理好自己的内在冰山。理智的时候我可以条理分明地剖析自己的内心世界，但是，情绪一来，所有的整理都将崩坏。我知道，我得先处理好自己的情绪。

奇妙的 5A 自我对话程序

在某次的讲座中，我向崇建老师提出了如何整理情绪的问题，崇建老师用 5A 的自我对话程序回应我。说实话，当时我觉得对自己说"我知道你难过""我允许你难过""你做得很好，我很欣赏你"这些话，实在很愚蠢。可是，我真是受够了挫折感与无力感的折磨，即使认为愚蠢，我仍然照做了。我在开车或者心情烦闷的时候，会这样跟自己对话。很奇妙的，每每在来回进行几次 5A 的自我对话后，我就会找到"遗失的感觉"。我自以为是个善于觉察内在感受的人，却在 5A 的自我对话中翻出了被我压抑忽略的感受，但是，感受却不因此而泛滥渲染，反而被妥善安置了。

这段经历对我来说简直不可思议！年少时期的我，曾经以为悲伤或痛苦之类的情绪终有殆尽的一天，因此我纵情于伤春悲秋；然而，事实证明，悲伤或痛苦之类的情绪并没有因此而减少，反而更加绵延不断。于是，我开始信奉理性，否定情绪，拒绝受情绪的摆弄，没想到当情绪反扑并淹没理性时，我完全无法驾驭。5A（觉知、承认、允许接纳、转化、自我欣赏）整合了感性与理性两方面：承认、允许情绪存在，对感性而言轻而易举，却不一定能通过理性那一关；但是，感性容易沉浸在情绪之中少了转化，理性却又太过急躁想尽快转移情绪。对待情绪，不论感性或理性，都一定能够被接纳，一般也不会走到自我欣赏这个阶段；在我的体验中，能够接纳情绪，并走到自我欣赏的阶段，才能真正体悟到崇建老师所说的"体验愤怒，愤怒就渐渐缩小；体验难过，难过就有了宣泄之道"。

运用5A整理内在情绪，并不会因为这样就不再有情绪，而是像崇建老师说的"若能时常练习，转化的速度便比较快速"。因为允许了、接纳了，就不会再害怕或对抗情绪；因为转化了、欣赏自我了，也不会再因情绪而否定自我。只有情绪畅通了，我们才有可能展开"一致性的表达"。

拙劣地联结渴望胜过停驻于观点的对话

一致性的沟通姿态是我十分向往的，但不是整理好情绪就可以做到的。

在教育问题上，我最大的挑战是应对我的儿子。我和他非常"不对盘"，鸡毛蒜皮的小事在我们之间常常演变成激烈的嘶吼。我想要改变，大部分是为了他。性格一向温顺随和的我，没想到会成为时常情绪失控的母亲，而我实在不想继续这种不愉快的相处模式。

在一次讲座中，我听见崇建老师说"联结渴望，便跨越了行为问题"，会后我发了电子邮件请教老师：

"是不是当我与儿子一起确认他真正的感觉与期望后，我直接表现对他的接纳、爱或重视，这样就让儿子联结渴望了？"

崇建老师回复我：

"大致上来说是这样的，当孩子真正地感受接纳、爱与重视，就会成功地联结渴望。一般而言，这是最不易做到的部分，因为当父母接纳孩子，告诉孩子自己的爱，孩子不一定能接收到，那孩子的渴望便联结失败。使孩子联结渴望的关键在于，大人在处理教育问题的那一瞬间能够有一致性的表达。"

崇建老师慷慨而清晰的回答，并没有让我成功地转变为"一致性表达的大人"，在来往了几封邮件之后，我和儿子又爆发了激烈的争吵，他看起来很愤怒，我也激动得无法平复情绪，我知道我是爱儿子的，但愤怒扭曲了我的爱，让他无法感受我的爱。这时，我的脑中突然浮现崇建老师说的"联结渴望"，我怒气未消地走向儿子（这时早忘了5A），儿子则带着一脸防卫且冷漠的表情经过我的身旁。突然，我把双手搭在儿子的肩上，对他说："妈妈爱你。"这画面应该很滑稽，我的脸上还写着不满，语气溢着怒意，这是相当"不一致"的表达。原以为儿子会甩开我的手，但是他没有，我感到他的肌肉开始放松，他脸上的冷漠瞬间消退，取而代之的是焦急、难过和受伤，这才是他真实的感受。原来，开始帮孩子联结渴望并没有想象中那么困难，家长再拙劣的表达，只要出于爱，还是能触及孩子的渴望层次，其中只有孩子联结渴望效果好坏的差别罢了！

回头检视这次的经历，我发现与儿子常发生冲突的根源在于我们各自坚持自己的观点。当他开始不满，我便感到愤怒，然后责备，争吵便如此展开。有了这层觉察，我开始练习跳过他的"观点"，先关注他的"感受"，并且允许、接纳他的愤怒（负面情绪），并带着爱去陪伴和倾听。在爱里，因受伤而生的愤怒会逐渐消散，这时，再沟通"观点"，身为父母应有的"教导"才真正起作用。这个过程说来简单，到现在为止，我仍是常常在半途便失败，例如：无法"暂时搁置"他的观点，不能接纳他的愤怒，耐心在他愤怒的语言中消失殆尽，急于要他接受自己的观点……跨越这些障碍，并不是容易的事情。

现在，虽然偶尔可以顺畅地展开一致性的表达，但失败的次数仍是比成功的次数多出很多。令人欣慰的是，我的挫折感和无力感已消减了许多，因为我已接纳了自己的失败和不美好。我学会对自己慈悲，然后才能如我所愿地对他人慈悲。

感谢崇建老师，谨以此序记录我的改变，并以我的改变印证书中的一切并不仅仅是故事，而是许多生命的真实改变。

再版序

在该书的中文简体版再版之际，我借此机会重新阅读了这本书，过往的画面历历在目：在长达好几年的岁月里，我陪伴过很多孩子。当时我白天会在各处开讲座，晚上赶回写作班教书。在孩子们写作文的空当，我到隔壁的教室与需要帮助的孩子谈话。有时，我还陪着孩子们读书、吃饭。也许你会好奇我怎么会有这么多的时间和孩子们在一起，一则当时的我精力非常旺盛，二则我也是真的喜欢与这些孩子相处，丝毫不觉得疲惫。如今回首那一段时光，这些孩子为我留下了许多回忆，我感叹生命中竟有一段路这样走过，让我能在回忆里不断重温。

当时我四十多岁，将一部分精力投入写作班的教学中，一部分精力投入大量的提升自我的学习中。我之所以可以兼顾二者，一是因为我在写作班的教学有空当，可以用来学习；再是因为在教学、和孩子相处时，我可以印证自己的所学。在这个过程中，我的内在日益增长对人的接纳能力，爱他人的能力，也拥有接纳自己、爱自己的能力。这些内在能量的扩充，与我同孩子的相处经验必定相关。

如今我认为自己的能力，可能比当年强大了，洞见也应是更全面了，但是我的年纪也增长了，已经没有那样的体力和精力，去陪伴那么多孩子了。过去的轨迹能留在书里面，现在想想也觉得不可思议，同时内心充满感恩。

在写作班教书十余年，我带领过不少孩子，这些经历分别留在《麦田里的老师》，以及《心教》这两本书当中。其中《麦田里的老师》曾获得《中国教育报》影响中国教师的十大好书，当时我想让教育书写得更完善，将有些想法呈现得更详细，所以后来有了您手里的这本书。

至今，我仍记得小柏写作文的样子，我与小柏母子谈话的教室，小柏被触及内在的神情，还有小柏跟我说的故事。当时，小柏就读中学一年级，如今小柏已经是大学生，去年中秋他送柚子给我，已经长成翩翩美少年。他跟我谈着大学的生活，还有他如何重考转系的原因，还有他交了女朋友，对比当年那个中学生，仿佛岁月瞬间就压缩了。

还有当年四岁的小桐，母亲说他无法安静，无法专注地与人对谈，但是他能专心看绘本，能专心与我谈心里话，也能坦然流出悲伤的眼泪。如今他已经是中学生了，偶尔，他会跟我聊课业压力，聊学校老师上课情景，还有他所学的新事物。从四岁成长到十四岁了，像棵小树苗枝干茁壮了，我没问过小桐是否记得当年他与我的对话，当年他与我分享《怪兽阿抖来了》，那些都不是很重要，也许都内化成生命的一部分。

《心教》一书中的孩子，还有见面的是芷妍，她如今已经大学毕业了，去年来找我叙旧，谈及过去勇敢前行的时光，仍然忍不住为自己流泪，欣赏自己一路以来的努力。

我虽然现在和书中的有些孩子没再见面了，但是我每年教师节还是会收到他们的祝福，比如阿楠不忘记在教师节寄送贺卡祝福我，我至今仍记得他的眼神，记得他写作文的内容，记得他听故事的神情，记得他哈哈大笑的样子。

书中的明槿我更是印象深刻，虽然后来我们没再见面了。我记得明槿喜爱的小说，喜欢吃的食物，也记得陪明槿考试的那段时光，尤其是有一次我和明槿约好见面，明槿忘了时间没来，事后打电话问我借电脑，我在夜车上与她通电话。还有明槿与妹妹的争执，我夜里十一点赶去她家，处理明槿与妹妹的冲突，直到凌晨两点多才回去。我记得台湾学思达创办人张辉诚曾分享我处理明槿冲突的那一段，我对明槿说的话让辉诚落泪，并且制作成教案分享，当时，这本《心教》受辉诚大力推荐，他也经常引用里面的对话案例。我与明槿的缘分好多年，我陪着她们姊妹吃饭，陪着她们读书与谈话，还有一次在公园散步的时候，接到明槿母亲的电话，我驻足在花园前面讲电话，从黄昏讲到夜幕降临。还有我父亲车祸住院期间，明槿到医院探望我，给我一个大大的拥抱，告诉我随时需要她都会在……

这本书唤起我许多回忆，那些如梦似幻的过往，不是我跟孩子讲了什么话，而是我那么投入与孩子联结，生命中存有那些片段真美。

不只是与孩子的联结。我在书中看见诸多线索，是从萨提亚模式的学习，之前在山中学校的浸润，让我心胸与眼界较宽，转化成教育上的几个脉络，比如 5A 情绪照顾，沟通中停顿之必要，学校与家庭主文化建立，正面好奇的缘由与使用……都重新让我温习走来的印记。

我要感谢书中这些孩子，给我一个机会丰富我的生命，感谢启发我教育之心的程延平，还有我的萨提亚导师贝曼，以及给我最多身教的父亲。也谢谢这本书的读者们，愿意参与我的教育故事。

创作序

这本书从 2013 年初春开始架构，写到 2015 年开春，数次更动想法，也数次更动书写方式，始成为目前的样貌。

我曾问过自己，为何要再写一本教育书？再出版一本教育书，除了增加收入之外，对我的意义并不大。市面上的教育书已经够多，并不需要再多一本书，我还有新的想法分享吗？我在《麦田里的老师》一书中，已将教育的想法表达完了。

随着时间过去，我对教育有了新的体会，主要从萨提亚模式、托勒、教育学、心理学等书得来。在这期间，我决定接受出版社的邀请，再写一本教育书，将教育内涵呈现得更细腻一点。

我思索这本书应该如何书写，如何安排，才能让父母与教师，以及其他对教育有兴趣的人，能更简单、更深入地了解。我一贯喜欢说故事，也决定延续《麦田里的老师》写法，从带领孩子成长的故事切入，将关键的对话、思考与脉络的运用书写出来。

我将对教育的想法，分为六个脉络：姿态、语气、感受、渴望、正面好奇与停顿。这六个脉络看似独立，实则环环相扣且息息相关，都属于我常年讲座的"情感教育"方面。但必须说明的是，我此处所提的"情感教育"，有别于一般人认识的 EQ（情商）教育，甚至内涵大不相同。在这些脉络之下，我一反过去的写法，书写了大量的概念，以及辩证这些概念的思索，给善于思考的朋友参考，并且在每一个脉络之后，都提供相对应的范例，便于读者了解。

除了六个脉络之外，我还邀请几位学员展现学习成果。除了分享教育上的学习，也让读者对照本书来看他人的实践。书末我整理了良好环境建构的愿景，补足我在《麦田里的老师》一书中大略提及的"如何建构主文化"内涵。

本书最前面两篇，我以两个教育现场的故事开启，在关键之处列出本书可深入了解的线索，以免开始翻阅就被大量概念淹没。

本书中呈现的范例，我刻意模糊了故事背景，将文学性描述的部分减少，甚至直接展现记录的对话实录。我一反过去的书写习惯：拿给当事人阅览，同意之后再行刊登。因为故事背景刻意模糊了，和现实的当事人已有出入，特别要在此说明。

当前台湾的学校教育，是大规模推动翻转教育，扬弃旧年代套装讲授的教学法，转而针对教育现场设计出更活泼、更适性、更高效的学习方式。但是对于师生互动、家庭教养，以及课堂遭遇的状况，不少师长仍旧有无力感。我常思索教育者改变旧惯性的可能，能否发展一套新的思维，新的应对模式，有别于过去的旧惯性？这本书中的脉络呈现出了我期望改变的一部分。

最后我要感谢宝瓶出版社，尤其是总编辑朱亚君，谢谢她愿意出版这本超过十五万字的书，这对出版社而言并非好选择，但是她始终一路给予我支持，也谢谢所有为我推荐的朋友，还有购买本书的朋友们。

目录
CONTENTS

第  章

尊重孩子，从了解孩子开始 / 001

第 **8** 章

好的环境，堪称孩子成长的第三位良师 / 253

第 1 章

尊重孩子，从了解孩子开始

逆境中的孩子，
更需要用心陪伴

　　2014 年暑假特别闷热，几乎没有台风造访。

　　来造访我的多半是家长，询问孩子的教育问题。也有孩子询问如何和父母相处，如何面对亲人过世，或者询问如何写一篇作文。其中有两位孩子的母亲先后来电，分享孩子考学后的成绩以及孩子考上理想的学校的好消息。其实，我不在乎孩子一时的表现，但的确为他们开心，因为他们如此认真地对待自己的生命。他们过去曾处于困顿之中，那时的我陪着他们读书，一起走过那段艰难的时光。这样的困顿历程自己年少时也曾走过，陪伴孩子仿佛也在陪伴少年的自己（Tip①1）。

　　小柏是写作班的孩子，长相斯文英俊，行为谦恭有礼，不仅很少说话，被称赞时还常流露腼腆的表情。但是当班上有同学吵闹时，他会主动要求同学安静，是个很有正义感的孩子。

---

① Tip，这里是"提示"的意思。

一日小柏的母亲来电，忧心忡忡地诉说小柏的处境：刚升上初中的小柏，班上有三个令老师头痛的孩子，小柏不仅是其中之一，还被老师视为其中之最。

母亲特别向我解释："你听得懂这意思吗？他功课已经滑落谷底，上课公然睡觉就算了，还破坏班上秩序，老师用了各种方式都拿他没办法。昨天学校打电话来，说这个孩子顶撞老师，在走廊上恶狠狠地瞪老师。我已经不在乎他的功课了，只要他品行好就可以了，现在我不知道还能怎么办。"

"父亲怎么看待这件事呢？"我试着询问其他家庭成员的做法（Tip2）。

母亲停顿了一下，难过地说："我们是单亲家庭，他的父亲另外有家庭了。"

"孩子和父亲的关系好吗？"

"他应该生父亲的气，没去找过父亲。"母亲费力地陈述家庭状况。我知道单亲家长带着一个孩子，容易心力交瘁，何况带着的还是一个青春期出了状况的孩子。

当然，单亲家庭的孩子，也是辛苦的。若是孩子的表现能够符合主流价值观（一般指的是学习成绩好），在青春期出现状况的概率会较小；若是孩子的表现无法符合主流价值观，而情绪又无法被人理解，在青春期出现状况的概率会比较大。

小柏向来尊重我，我也很喜欢这个孩子，我答应小柏的母亲，和他谈一谈学校发生的事，但我也鼓励母亲让孩子多和父亲沟通。

尊重孩子，就是感受他的感受

青少年顶撞老师的行为，表示他内在的愤怒压抑不了，所以用激烈的方式表达，有时这也非他们所愿。孩子顶撞师长显然是不恰当的行为。顶撞师长的现象，从三十年前就时有耳闻，只是现今的社会环境，顶撞长辈已经司空见惯，这个现象值得教育者深思一个问题：我们正在给孩子创造什么样的环境？

读者不妨设想，如何应对顶撞老师的孩子呢？是要谆谆教诲，严厉指责，曲意讨好，满不在乎，还是采取其他的应对方式呢？曾遇到过这种情况的家长读者，不妨借着这个问题检视自己过去的应对姿态，如果认为自己应对得不够好，可以想想如何改变自己惯性的应对姿态。这部分内容会放在第二章详细探讨。

我选择的方式，是先用同理心体察孩子的内在，再导入规则进行讨论，让孩子学会负责任；若我是该校老师，我会执行规则，这是我的大方向。

小柏和我对谈时，一如既往地拘谨恭敬，坐在我面前，有一点不安。

我的身心放松，很专注地和小柏对坐（Tip3）。

当我和孩子对话时，很少和他东拉西扯，总是开门见山。这一次我直接和小柏聊到了单亲家庭的话题（Tip4）："你母亲告诉我，她和你的父亲离婚了，你和母亲一起住。母亲还提到你对父亲有点生气，很久没和他联系了。"

小柏有点不自然，但表情很镇定。

我问："我这样说，你会不舒服吗？"

小柏摇摇头。

"你会紧张吗？""会生我的气吗？""会尴尬吗？"我缓慢地核对小柏的情绪，小柏都对我摇摇头。（Tip5）

我继续说："我也是单亲家庭长大的小孩。我跟父亲住在一起，因为母亲选择和别人过生活，也是选择另一种不同的生活方式吧。很长一段时间，我很生她的气，甚至很恨她。我的心里常常感到孤单、生气，还有难过，只是我不想承认。我也无法和别人说这些。"

我停顿了一会儿，才继续往下说。我想，我和小柏情绪的交流、内心的沟通，都需要一点时间。

然后，我接着说："而且我的功课很差，无法达到老师和父亲的要求。但是我没有胆量和学校对抗，只是常和父亲吵架，我觉得自己很糟糕。这段时间很长，也很难熬。我一直到二十几岁，考上大学了，才有一点改变。"

提及这些往事，我内心仍有深深的感触，重新感受自己青少年时期的困顿，深感一路走来的确不易。小柏只是静静地听着，一句话也没有说。

我说："我知道你也是单亲家庭的小孩，所以和你分享一些我的感受。我不知道你是不是也有这样的感觉？但是我想，你也许能体会我当时的心情。"（Tip6）

小柏点点头。

"谢谢！"我又停顿了一下。"你母亲打电话来，主要是和我谈你在学校发生的事情，我现在请她上来好吗？"此时正是下课时间，我和小柏在四楼的教室里谈话，母亲已在一楼等待，等着接小柏回家。

小柏点点头，表示同意。

因此，母亲、小柏和我在教室里坐了下来。母亲重新陈述了学校发生的事，母亲陈述到一半，很无奈地对我说："你看这个孩子，只要教训他两句，他就不高兴，你看他脸上的表情。"

孩子脸上是什么表情呢？我转过头来，看见刚刚还谦恭有礼、拥有可爱脸庞的孩子，听到母亲的指责之后，眼神带着冷漠，还带着一点不屑，一点愤怒，桀骜不驯地看着天花板。孩子在表情上对家长的指责有所回应，这很正常。我常建议家长，给予孩子回应的空间，不要一味地指导孩子，并建议家长应该采取什么样的回应方式。

小柏在我面前，向来表现得谦恭有礼，然而一旦遇到母亲的教训，就会展现另一种面貌。对我而言，这是相当自然的状况，也让我好奇他们惯性的应对姿态。

"母亲……"我停顿了一下。（Tip7）

"你希望他怎么回应呢？"我好奇地问。

母亲听我这样说，似乎欲言又止。

"他小学三年级，父亲就不在身边了。没有父亲的孩子，心里可能会很孤单，很难过，可能还很生气。但是谁能理解他的感受呢？当他做错事情，必须面对很多道理与指责时，又有谁能理解他？"（Tip8）

当我说到此处，小柏的姿势依然没有变动，但是已经流下了两行泪水，小柏很安静地任由泪水滑落，并未掩饰自己的眼泪。（Tip9）

我问母亲："你看过他这样流泪吗？"母亲摇摇头，红了眼眶。

"我知道你也很委屈，因为单亲母亲带一个孩子并不容易，希望你不要自责，我只是想让你了解他的感受而已。"（Tip10）

我转过身，静静地看着小柏，小柏变换了姿势，频频以袖口擦拭泛滥的鼻涕。我告诉小柏："我也曾经不喜欢老师。老师是人，你也是人，身为一个人，我要让你知道，你可以不喜欢老师。"（Tip11）

在对的时机教育，才不会白费力气

小柏听我说这句话，泪如泉涌，鼻腔也几乎塞住了。小柏将整个脸埋在衣服里面，一时间委屈多时的情绪，如洪水般倾泻而出。

我停顿下来（Tip12），让小柏宣泄难过的情绪，将眼泪流得更多一点，我深知一位父亲缺席的孩子，心里面有多么压抑。这些压抑来自各种情绪，常压得人喘不过气来。尤其是一个背负自我与家人期待的男孩，可能不允许自己难过，因为要表现得更坚强，如今突然宣泄了难过，应该是很不容易的事吧！

也许过了四十秒，或者一分钟，我才再次以沉静且支持的语气说："小柏，你可以不喜欢老师。但是，不可以对老师不礼貌，你知道吗？"（Tip13）

这是在教育小柏。我希望选择"对"的时机进行教育，才不会白费力气。

小柏的眼泪、鼻涕不断流淌入衣服里面，可见他有多少难过深埋？即使如此，小柏听我这样说，仍然给了我回应，他对我点点头说："我知道。"

我又停顿了片刻。"学校打电话来了，说你在学校顶撞老师，这是校规不允许的，听起来有一些棘手，你看应该怎么面对？"我不是学校的老师，只是个陪伴的人，因此询问他的看法。（Tip14）

小柏是个勇敢的男孩。即使他这么难过，鼻涕与眼泪仍然在大量涌出，他依然抬起头来，很认真地对我说："我明天会去跟老师道歉。"

"即使道歉，学校可能还是会处罚你。你能接受吗？"（Tip15）

小柏认真地对我点头。

我深呼吸了一口气，因为孩子很真诚，也很有勇气，愿意为自己的行为负责任。"我很好奇，你怎么能这么勇敢？愿意向老师道歉，也愿意接受处罚？"（Tip16）

小柏听了我的问话，很久都没有回应，我猜他也没有准确的答案吧！过了一段时间，他才缓缓地跟我说："因为我做错了。"

我回过头来，跟母亲分享："你儿子很懂事，不是吗？"

我猜母亲应该感到内心复杂吧！同时，母亲也放松了许多，说："阿建老师，他比较听你的话啦！"

我的想法不只是这样，也许孩子真的比较听我的话，但我面对孩子的方式，也许也和一般人不一样吧！

尊重换来孩子有勇气的一生

那次以后，我每周和小柏都会有一小段对话，关心他的学校生活，和他聊聊心中的想法。不过，小柏是个不多话的孩子，我需要更沉静地等待，也就是需要停顿。

在这期间，母亲希望我能关注他的功课，我在征得小柏同意之后，关心他的读书情况。我和他讨论读书的进度，但我感觉小柏是个聪明的孩子，自己就很有能力了，因此我的脉络中，仅是帮助他建立小小的纪律，接纳自己的不完美，欣赏自己的努力，设定合理的而非遥不可及的目标，以建立他的自我价值。（这部分的细节，我曾经在《麦田里的老师》中，《当孩子读书不够认真》一篇带着柚子读书的故事中有所展现，心法大致都相同，有兴趣的读者不妨参考。）

小柏不仅是个上进的孩子，也是个重感情的孩子，他后来搬家了，作文班的课程也结束了，我们便较少见面了。他曾经利用周六的时间，独自搭一小时的公交车到写作班找我，请我到快餐店用餐。我记得那一次他坐车迷路了，延迟了一些时间才和我碰面，我很高兴他坐车过来见我，也很高兴他并未太懊恼与责备自己的失误。这一段公交车的旅程，对他而言是个小小的漂流，我们聊了坐公交车的状况，以及他的生活近况。

小柏依然话不多，只是简单和我分享学校与家庭的生活。我印象较深的是，他和父亲有联络了，暑假会去父亲家小住，也会分享一些各自的想法。在学校方面，他表示有些科目上课很无趣，还有些老师的说话态度，以及应对的方式，都令他不舒服，但是他不再愤怒面对了，知道如何面对这样的情况，而且他的成绩进步了。

2014 年暑假他初中毕业了，母亲在中秋节前夕送柚子来，碰巧我不在写作班，于是拨打了一通电话给我。当母亲将电话交给他，要他跟我说话的时候，他依旧腼腆，在电话中依然不多话，简单告诉我他上了最理想的高中。

上了理想的学校，只是人生的一个阶段，但我依然为他感到高兴，他凭借自己的努力，走过了一段风暴的历程。当我挂了电话之后，脑海里浮现的最鲜明的印象，是他刚上初中一年级，怒呛老师之后，我们三人的一场谈话，他坦诚的内心与勇气，我相信是他日后最大的宝藏。

心教 Tip

· Tip1

每当提到孩子的叛逆，我都会想到自己的成长历程，我也常建议父母联结自己的经验，这样容易同理孩子，教育也会变得比较简单了。

· Tip2

面对孩子的问题，身为一个教师，我会以简单且尊重家长的方式，了解家庭的图像。比如我询问："父亲怎么看待这件事呢？"事实上是在探索家庭动力，我从中获取的信息，有助于我帮助孩子。

· Tip3

要与孩子或学生沟通，我通常建议大人：先整理自己的姿态，安顿自己的内在，尽量以沉静安稳的语气谈话。这部分的技巧，我在第二章的《与孩子沟通时，你可以觉察到自己的应对姿态吗？》一篇中，有详细清楚的说明。

· Tip4

当我和孩子对话，有时候会直接切入感受，有时候会以一个事件联结。当时我脑海里面，直接联想的是"单亲"，因此以此事件切入对话。

· Tip5

对谈的时候，我常建议师长与父母，要能够关注孩子的感受，因此切入感受的问话，已经成为我的对话习惯。详细的说明，可以参考本书第二章。但是当询问他人感受时，一般人常找不到感受，因此我建议师长，以"正面的好奇，封闭的选项"进行对话，可以参考本书第五章。即使我以封闭的选项询问，孩子也不一定能够联结自己的感受。但我常建议师长，将这样的方式，内化成一种问话的习惯。

· Tip6

当我开启自己，便是要展现更大的同理心，我视为展现"接纳"的一部分，让孩子接纳自己的处境。这部分的对话脉络，请参考本书第四章。

当师长开启自己，若是一种接纳，那就不会隐含着"策略"。"策略"的意思，是这样的谈话仅是一种计策，或是一种暗示，背后期待孩子有所开放与回应。

当师长开启自己，最需要注意的是，切莫以为孩子的内在与自己相同，而对孩子说："所以我知道你也是孤单的……"如此可能成为另一种形式的霸凌，霸凌孩子内在的感受。

· Tip7

我在教育的过程中，经常停顿，比如语气、等待对话、处理事件、语言与语言之间……因此可以在文章中发现，我罗列了很多的"停顿"时刻，可以参考本书第六章。

· Tip8

我认为教育与沟通的简便路径，便是从"感受"导入，因此切入感受，成为我对话的主要"脉络"，详细的说明，可以参考本书第二章。

· Tip9

一旦言谈"碰触"感受，就容易让对话的人"觉知"感受。

此处我仅是和母亲谈到单亲孩子的内在处境，小柏的感受便被开启了。但是我必须说明的是，此刻我的姿态、语气以及接纳孩子的心灵，是很重要的。

· Tip10

让母亲同理孩子的感受，也要同理母亲的感受，母亲才会感到被支持。

· Tip11

从观点进入深层的感受：接纳。可参考本书《情感教育第二步：联结渴望，激发孩子成长内驱力》一篇。

· Tip12

关于停顿，可参考本书《发火前，让自己先停顿，孩子的情绪也在宁静中被安抚》一篇。

· Tip13

联结了深层感受，也同时传达规则。可参考本书《情感教育第一步：从感受切入问题》一篇，以及《如何构建一个利于孩子健康成长的教育环境》中关于规则的部分。

· Tip14

以好奇的问话，让孩子意识到问题。请参阅本书《用正面的好奇对话时，孩子会更愿意说出心里话》一篇。

· Tip15

让孩子学习负责，尊重规则，是我很坚持的教育脉络。我前面已经传达了"界限"：可以不喜欢老师，但是不能对老师不礼貌。此处的问话探索他如何面对"责任"，他的内在有什么困难。我可以如何帮助他厘清，给予支持，并且协助他负责任？

· Tip16

当孩子愿意负责任，做出了正面的选择，我通常以"正面的好奇"，让孩子更意识到自己的价值。可以参考本书第五章。

给青春期敏感的孩子，
更多支持的力量

2014 年明槿的母亲来电，告知我明槿上大学的消息，我为明槿感到高兴，那是她喜欢的大学及专业。

明槿今年十八岁了，即将迈入新的求学阶段，回首陪伴明槿成长的岁月，诸多画面深刻地烙印在脑海，那是她认真走过青春期的印记。

我曾经陪伴明槿读书，那是明槿十五岁的事，当时她面临高中联考，常因为心志收束不易，沉湎于计算机世界，导致功课逐渐下滑。她犹豫了许久，才在母亲的鼓励下找我帮忙。当时她聊了自己的处境，决定立下读书计划，一周至两周和我碰面一次，讨论读书进度与生活状态，协助她收束心志。

我至今仍然记得那个寒凉的黄昏，天色早早黯淡下来，我结束白天的讲座，匆匆驱车赶赴明槿家，要载她到写作班讨论功课。时序进入秋冬之交，车窗外呼呼掠过的冷风，街道上行色匆匆的人车，让人感觉到季节的转换。我对这样的季节、这样的气候情有独钟，让我怀念年幼的时光，一家人相聚在一起，生起一炉炭火，如此温暖又如此幸福。

明槿是否也和我一样呢？也喜欢这样的季节，喜欢这样的气候？明槿从小便失去父亲了，她还记得父亲在家的温暖吗？我无从得知。

车即将抵达明槿家，我却联络不到她，家中电话与手机都无人接听。是我记错时间，还是她忘记我们的约定？我也无从得知。

当我返抵自己的书房，明槿母亲来电："阿建老师，我女儿今天跟你有约吗？"

"有啊！我刚刚去你家，但是没有接到她。"

"我人在公司加班。"母亲说到这儿，叹了口气，语气相当无奈地说，"我觉得很沮丧，不知道该拿她怎么办。我记得她今天跟你有约。下午问她是不是和你约了，她却说没有，跑出去玩了。"

我只是静静地听着，回应简单而支持性的语言。窗外的世界依然繁华，冷风逐渐令人萧瑟，亚热带的冬天已经来临了，我的书房温暖而宁静，但并非人人都如我一般，感受冬日来临的静谧感。

挂了电话之后，我检视自己的内在，一如往常的平静（Tip1），以我多年以来带孩子的经验，我深知陪伴孩子成长，要看成长的脉络，不将眼光局限在孩子一时的表现上。（Tip2）

与此同时，我也要同理家长，给予父母深深的支援，因为当父母并不容易。

明槿大概看到未接来电吧，随后打电话过来问我："阿建！你找我什么事？"

"刚刚我去家里接你了。我们今天晚上有约，你忘记了吗？"

"噢！我忘记了。"明槿讲得很轻松。

"那我们改约下星期天吧！"我思索了一下，敲定下一次见面的时间，"晚上七点，好吗？"

"噢！好。"明槿答应得很干脆。

"你会记得吗？需要前一天提醒你吗？"我一边讲电话，一边思索可以为约定做些什么。

"噢！不用了，这一次我会记得。"明槿很肯定地回答。

"那就好。"既然不能见面谈话了，我通过电话关心她，"这一个礼拜的读书状况还好吗？"

"噢！还好。"明槿的回应很简单。

我并不了解她读书的状况："还好的意思是……？"

"嗯！就是一半一半。"

"一半、一半？我不了解。"

"嗯……就是一半有读，一半没有读。"明槿的解释，有点勉强而模糊。

"嗯！需要什么帮忙吗？"

"噢！不用了，没有问题。"

"那好。下个礼拜碰面再说吧！"

这是我记忆中的简单对话，当孩子未履行承诺，我既想关心她的状况，又不想咄咄逼人，只是进行简单的关心与询问。因为孩子一旦违反承诺，内心往往复杂而敏感，一则内在潜藏着对自己的批判，一则又想在师长面前维持尊严。

我的角色是什么呢？我想给予她支持，她才有力量继续下去。

面对孩子的不合理要求，耐心地听听孩子内心真实的声音

当我要挂电话了，明槿在电话那头沉吟了一下，支支吾吾，似乎有话想说。我停顿了好一会儿，才听见明槿谨慎地说："阿建，我有一件事想问你。"

"嗯！你说。"

电话那头陷入了安静，约莫有一两秒的时间，明槿开口了："阿建，我最近正在玩一款计算机游戏，但是家里的计算机坏了，你补习班的计算机可以借我吗？"

当明槿提到玩计算机游戏的刹那，我察觉心中有生气的情绪。（Tip3）

我稍微一沉淀，情绪便转化了。（Tip4）

我心中的念头流转迅速，深知自己心灵要更宽阔，才能陪伴明槿面对困难。

我决定答应明槿，因为讨论功课的地点在写作班，我琢磨着周日讨论完功课后，才让她玩计算机。

"下礼拜天我们不是在写作班讨论功课吗？结束后，计算机借给你用吧！你玩完之后，我再载你回去。好吗？"

"不行！破关的期限到星期四，礼拜天就来不及了。"明槿迅速否决了。

借不借计算机给明槿，不是我考虑的重点。我意识到明槿对计算机的执着，即便快考试了，她似乎仍无法自拔。我也曾经是这样的青少年，沉迷于电动玩具，尤其我越感到焦虑，便越想玩电动游戏，伴随着一连串的悔恨情绪。电动、焦虑与悔恨，仿佛是共伴相生的连体婴。想阻断孩子玩电动游戏的惯性，我认为不能从表象的限制着手，而是要启动人的"渴望"，才能有所成效。（Tip5）

和明槿讲电话的瞬间，我脑中思绪迅速流淌，其实无法做严谨的判断，只是凭借直觉对话，上述的思索只是事后的归纳。但我清楚明白，我内在有一个信念：我愿意陪伴这个孩子，即使时间拉长一点也无所谓。

"写作班的计算机借你吧！"我停顿了一下，语气平缓地说，"周一到周四你都可以使用。我平常不在写作班，但你随时可以使用计算机，我会先跟会计说明，这样好吗？"

明槿听了我的决定，大概出乎她的意料，电话那头无回应，我也安静地等待她。过了几秒钟吧，明槿回应我了，声调明显沉稳下来，带着些微的颤抖问："阿建……你有没有觉得……我很不应该？"

这样天外飞来的一句话，我其实听不明白。刚刚还在讨论计算机的事，怎么转移到这里？"我不懂你的意思。"我想确认她要表达的是什么。

明槿仿佛深呼吸一口气，才缓缓地说："我都没念书，还跟你借计算机，你会不会觉得我很不应该？"

我至今仍然记得，当天晚上安安静静，仅有冷风呼呼吹过的声音，我原本已经安顿的内在，也许因为明槿诚恳的自白，更感觉到一种大规模的宁静。我常有细微的感受，当两人内在真诚沟通，心灵便会出现这样的定静感觉。

明槿这样问我时，我体会了教育者的信念：每个人的内在都有一份"善、美、真"。重点不只是教导孩子要如此，更要重视启发孩子的本性，有时候教育者的急切，反而打压了孩子的本性。

贪玩、成绩不好的孩子，可能只是没看到生命的价值

我很镇定诚恳地回应她："是呀！我觉得你很不应该。"

明槿问我："你觉得我不应该，为什么还要借我计算机？"

我又停顿下来了，相信她也感到一种静谧，这一段无须说话都不会感到尴尬的时间，大概只持续了两三秒而已，但我感觉到一种巨大的宁静。

"明槿，我也曾经是你。我也曾是那个想玩电动，不想面对学业

的少年，我的心灵曾充满痛苦。也许你对自己很失望吧？或者也有生气吧！你知道吗？我曾经就是这样的少年，当时也深深为此痛苦。"当我说到这儿，我和内在的平静感在一起，既缓慢且深刻地告诉她，"因为我很爱你，我答应要陪你到高中毕业，你现在只是初三而已，我想慢慢来吧！"

当我的话语结束，我听见电话那一头传来吸鼻子的声音，我想明槿应该是落泪了吧！我只是静静地等着，最后明槿带着一点哽咽，简单地说："谢谢！"

明槿没有再多说话，将电话挂了。明槿后来并未到写作班借计算机。

很多人听我讲明槿的故事，纷纷问我当时的想法，是否知道这样做，明槿就会改变？就不会再来借计算机？我是不是在赌？或者在暗示明槿？

其实我不知道会发生什么事，我只是单纯地想要陪伴她，经历这一段历程而已。明槿最后没来借计算机，并非我预期的状况。

在教育的过程中，我很少讲求策略，也避免给予任何暗示。对我而言，暗示如同暧昧沟通。越能诚恳直接地沟通，表达我的信息，越能体现一致性。因为教育者本身，就是策略的一部分，言行一致的展现，便是最好的教育策略。

明槿在下一个周日，准时带着功课赴约了。

我并未和明槿谈论计算机的事，仅是谈论她的功课与生活。随着考试的日子接近，明槿完全投入读书的计划当中，最后考上了她理想的高中。

有一段时间，我常带着孩子读书。我的目标从来都不是眼前的成绩，但很多的家长误解我的目标。设想一个孩子，能接触到自我的价值，体验到爱人与被爱，体认自己是自由的个体，认为生命是有意义的，愿意为自己负责，又何须担心孩子的课业呢？

无论多么生气，都不要对孩子说"我不爱你了"

"你再不听话，我就不爱你了！"商店街的骑楼，一位母亲拿着大
包小包，对着小男孩发脾气。

小男孩在橱窗前怄气，橱窗内的托马斯小火车浮起笑脸，橱窗内
外两种表情相映成趣。小男孩显然很生气，因为他的期待没有被满
足，母亲又可能"不爱他"，小男孩更是别扭了，母子俩在店门口僵
持着。

我见了这幕，觉得孩子真是可爱，他们常执着地想要某个东西，
展现他们的意志力。每一件事情都有正面与负面，越是正面的人越能
看见事情的正面，汲取正面的资源为用，这一部分在第五章有详细的
描述。孩子的执着是一种意志力的展现，大人若能将此资源引导至好
的方向，便会看见孩子的成长。

我只是个过客，刚结束志愿者培训的讲座，匆匆瞥见这出家常戏
码。送我离开的志愿者小莉忍不住想要安慰孩子，主动蹲下了身躯，
拉着小弟弟的手问："你很想要买托马斯火车吗？"

小弟弟点点头，脸上挂着泪痕。

"母亲不买给你吗？"

小弟弟又点头。

"你是不是很生气呢？"

小弟弟停了一下，再次点头。

"嗯！姐姐知道你很生气。"小莉声音很缓慢，带着安抚的力量，与
小弟弟共情。

小弟弟别扭的神情，一瞬间松开了，眼泪夺眶而出。此刻小男孩

的眼泪，是失落之后被理解的眼泪，小莉只是静静地等待，接纳小男孩的失落。

小莉从包里掏出卫生纸，帮小弟弟擦拭鼻涕，慢慢地跟小弟弟说："姐姐知道你很难过。"

小弟弟大概呛到了，不停地咳嗽，小莉只是温柔地帮他擦拭，小弟弟浮动的情绪渐渐安定下来了。

"弟弟，谢谢你跟姐姐说，你很勇敢哦！不能拿到托马斯火车，一定很生气，也很难过吧！"小莉很有耐心地安慰男孩。

小男孩懂事地点点头。小莉牵起小男孩的手，交给原本束手无策的母亲。母亲对着小莉抱怨，小男孩总是很倔强，常常讲不听。

小莉学得很快，又有社会工作者的热情，在街头展现了她刚刚培训所学。小莉因为要送我离开，只对母亲留下几句："小孩子都是这样！但是别说不爱他们啦！这样对小孩不好哦！"

爱是无价的，也无法衡量，是一种天生的本性与需求，因此大人千万不要用"爱"与"不爱"要挟孩子，那会适得其反。用爱绑架、恐吓，或者伤害孩子，的确都是不好的。不只大人会这样说，小孩子也会这样说，因为每个人都渴望被爱。

面对听不进道理的孩子，给孩子时间平静情绪、消化道理吧

明槿的母亲打电话来，提到明槿要零用钱的事。

母亲每个月都会给明槿零用钱，但明槿有时额外向母亲要钱，有些需求母亲不认同，常让母亲不知如何处理。这一次明槿向母亲要三千元，打算买一套书，被母亲拒绝了。明槿很愤怒地对母亲说："你根本不爱我。"

明槿母亲很有原则，不给女儿过多的零用钱。但是怎么办呢？孩子以此来判断父母爱与不爱她？"爱"此时只是一个名词，仿佛成为绑架的工具。

"让我跟她说吧！你不容易说明白。"我对明槿母亲说。

和明槿见面时，我开门见山地说："听你的母亲说，你向她要三千元买书。"

明槿听我这样说，脸立刻扭到旁边，看得出她很生气。

"听到我这样说，你生气了吗？"我从孩子的表情，确认她的感受。

"她干吗这样跟你说！"明槿并未注视我，脸依旧扭向旁边。

"嗯。"我停顿了几秒钟，开始跟明槿说道理："母亲平常已经给你零用钱，我认为母亲不给你三千元，并不是她不爱你。母亲没有给你钱，是没有满足你的期待，但并不是不爱，我只是想让你知道，这是两件事。"

我很少对孩子说教，因为大部分说教，孩子都已经知道了，说了也不容易达成教育的目的。但我依然会说道理，因为我是老师，期望能通过说理，让孩子懂得做人做事的道理。说道理就是将观点灌输给孩子，父母和孩子讲道理时，简洁不啰唆是最好的状态。

但我也明白，当孩子失落与愤怒时，你无论讲什么，孩子都很难听进去。明槿也听不进去，当我这样对她说明"爱"与"期待"时，她依旧维持别过头去的姿态，不想理会我说的话。

我若是她的父母，较为理想的状况，应是在说完道理之后，静静地离开，允许她表达生气，在生活中给予恒久绵长的爱；或者更进一步，共情她生气与失落的感受，照顾她的心灵，让她感受父母愿意陪伴她。

爱孩子的方式，从不是满足孩子所有的期待

明槿从小失去父亲，也许失去父亲的爱，让她一旦触碰到未满足的期待，内心便重新唤醒她因缺憾而产生的伤痛。有时她会因为母亲帮妹妹的忙，而觉得母亲只在乎妹妹，对母亲生气很长一段时间。

当我决定和明槿谈这件事，我就思索该如何和她谈了，我思索的重点是：如何让她了解爱，并且感受自己被爱？如何让她了解，允许期待会落空呢？我明白关于爱的课题，需要时间等待。

当时我带明槿学习已经两年多了，两年以来我们逐渐熟悉，谈论作文、文学、课业与生活，我从未买过礼物送她，事实上我很少送人礼物。我很鼓励孩子阅读，也很关心她，我愿意送这套书给她，但是我想借由一份礼物，传达一份爱，也要传达一份关于爱与期待的辩证。

"母亲固定给你零用钱了，我觉得你可以存钱，买自己想要的东西，不需要额外再跟母亲拿钱。"我准备了三千元，递到明槿面前，"这套书我送给你吧！当成我送你的礼物，但是你得自己去买，不需要跟母亲说了。"

明槿是个很有个性的女孩，大概对这个结果感觉很惊讶吧！她立时回过头来，带着困惑问我："你说我不需要额外拿钱，那你为什么还要给我三千元？"

我安静地看着她，停顿了一会儿，才对她说："你父亲很早就过世了，也许你常想念父亲的爱，也许你有未满足的期待。我曾经告诉你，我很关心与爱你，此时也可以满足你对这套书的期待。但是我还是要告诉你，'爱'和'期待'并不一样，并不是期待被满足，就是被爱了，也不是期待未被满足，就是不被爱。"

我的语言触动了明槿，明槿并没有再回话，只是安静地落泪。

我记得明槿母亲说，很长一段时间明槿没有要钱，问我是怎么跟

明槿谈的。

我很难将这件事说清楚，一般人常为了表示爱孩子，去满足孩子的期待，往往是宠孩子而不自知。因此当我决定要送书给明槿，便打算跟她谈爱与期待的主题，而非以满足她的期待（给钱）证明爱，那将一辈子也证明不完，孩子也不容易因此成长。

当我们不冷静的时候，是没办法让孩子冷静下来的

那是一个冬夜，我在写作班下课后一直在和学生家长谈话。十一点结束之后，才发现手机显示数通未接来电，都来自明槿的母亲。

明槿和妹妹吵架了，母亲束手无策。姐妹吵架是寻常小事，但这次姐妹为了计算机，竟然大打出手，母亲当时仍在加班。妹妹偷袭得手后，逃回房间将门反锁，愤怒的明槿横了心，锁住家中大门，不让母亲下班后拦阻她。她拿着数把刀撬门，打算破门而入，教训令她难堪的妹妹。

我驱车到明槿家，只见明槿母亲被反锁大门外，既无奈又无助。她刚下班回家，却无法进入家门，只能以电话和妹妹通话。隔着窗户呼唤明槿，她只是冷冷地回应，却不愿意打开家门，专心致志地只想打开妹妹的房门。妹妹不出声地躲在房间里面，已经僵持两小时了。

我透过窗户往内看，看见被愤怒吞噬的明槿，表情狼狈地对房门发火，拿着数把刀砍着、锯着、凿着、捅着，用各种手段对付房门，喇叭锁旁已经破了一个小洞，明槿通过小洞窥探妹妹房间的状况。

"明槿。"我隔窗呼唤她的名字。

明槿丝毫没有改变行动，既没有答应我，也没有转过头来，更没有停止动作。

"明槿，我是阿建。"我很缓慢地呼唤她。

明槿停止了窥探房内的动作，对着房门一阵猛凿，表情专注，仿佛一个技艺精良的工匠。

"明槿，我是阿建。把刀子放下来。你不要这样，这样会伤害自己。"我说话仍然缓慢。

"我不要！"明槿维持原来的姿势咆哮，头并未转过来。在愤怒的咆哮中，她带着悲伤的眼泪："反正也没人爱我，母亲只爱妹妹。"

"你们两个都是我的宝贝，我怎么会不爱你？"明槿母亲在窗边插话，试图让明槿了解实情。

我示意母亲别说了。因为母亲内心一定很委屈吧！委屈的人此时解释，只会让另一个委屈的人衍生更多情绪。

"明槿，把刀子放下来。你不要伤害自己。"

我一句一句地说，但是明槿没有再回应了，专注地捣着妹妹的房门。

时间慢慢地流逝，夜渐渐地深了，明槿依旧紧锁大门，丝毫没有退让的意思。这一段时间，她时而在客厅里踱步，时而对着妹妹的房门猛砍。我和明槿母亲坐在门外，我感受到母亲的无助，她不断向我道谢，因为单亲母亲面对此种处境，真不知如何是好。

我只能安静等待，并且断续对明槿表达关心，要她将房门开启。我思索的并不是让明槿开门，这道门迟早会打开，而是明槿心灵的门该如何开启。

一个半小时之后，明槿踱步到厨房，将后窗开启了，似乎要让窗户通风。

我解读明槿的行为，应该是想要结束此局面，又不知道该如何让自己下台，因此不经意地将后窗开启，透露了她想要和解的信息。

明槿母亲好不容易从后窗进入，一旦危机解除了，所有的复杂情绪如排山倒海而来。母亲对着明槿吼着："你杀我好了！反正我也不想活了。你杀呀！我们一起死吧！"

这不是事实，这只是明槿母亲委屈、难过与愤怒之后的发泄。小孩与大人都是人，都需要给予爱，需要时间沉淀与转化一切。

明槿手上仍然紧握着刀，也奋力地吼回去："反正你也不爱我！反正也没有人爱我。"

母亲开启了大门，让我进入家里。我站在明槿面前，这个女孩委屈地流着泪，倔强地戳在当下，满脸的愤怒、伤心与无助纠结在一起。

"好了，没事了。"我立在明槿面前，轻轻地安慰她。

"你这样不好，会伤害自己，你不要伤害自己。"我重述了一次刚刚说的话。

"反正也没人爱我。"明槿带着愤怒，带着呼救的渴求，声嘶力竭地吐出这几个字。

"我知道你很生气，也知道你的委屈。"我专注地望着明槿，缓缓地告诉她，"我知道你有时感受不到母亲的爱。"

明槿僵硬地站着，严肃的表情瞬间松了下来，眼泪与鼻水如泛滥的河流，密布在无助的脸庞上。

孩子的无理行为，有时只是想要更多的爱

"你记得吗？上一次你向母亲要三千元，我曾经告诉你，'爱'与'期待'不同，你的期待落空了，并不代表你不被爱。如果你感受不到母亲的爱，你可以感受我给你的爱吗？"我很稳定，很缓慢地说着这些话。

明槿这时放下手中的刀子了，新的眼泪大量涌现，仿佛诉说着一个委屈已久的故事。

"我很爱你呀！这是我曾经告诉过你的，我今天只是再提醒你而

已。如果你可以感受我的爱，起码你知道，这世界上还有人爱你呀！"

明槿突然抱着我，放声大哭起来。

我知道明槿用了很大的力气，想去证明、寻找一份爱，我抱着她的身躯，感觉到她身体的颤抖，她的衣服在寒冷的冬夜被汗水湿透了……

我知道渴求爱的心灵，经常通过外在的事件，去验证自己是否值得被爱。我看见的目标，不是解决眼前的问题，而是如何从心灵给予力量。（Tip6）

即使头脑知道自己被爱着，但心灵时时涌出的各种情绪，也会不断于内在骚扰着，不断以各种图像与事件冲击、质疑着爱的本质。我常告诉自己，我不需要多做些什么，不需要为孩子的外显行为起舞，我们只是稳定地在这里，让孩子感受到一份安定的力量，我认为这样就够了。

"去睡吧！已经一点半了，明天还要上课呢！"我没有再跟明槿多谈这次事件，只是要她答应我，不能伤害自己与他人，并且送上深深的关心，才离开明槿的家。

虽然已经夜深了，但是我很欣慰事件和平地解决了。我知道作为一个陪伴的大人，只要让孩子相信自己不会被放弃，让孩子相信自己值得被爱就足够了，其他就交给天意与时间吧！

2011 年的春天，家父发生严重的车祸，肋骨断了三根，身体严重虚弱。我在除夕夜清晨，将父亲送进台中荣民总医院，经检查才知道父亲脾脏破裂了，需要立即动手术。冬季的北风在医院外呼呼地吼着，父亲躺在急诊室外的临时病床上，嘴角不时渗出血来，身体断断续续地发烧，葡萄糖与血液同时输入父亲体内。我守候在父亲身旁，等待医院通知病床，也等待医生决定开刀的时间，那真是个特别的除夕。

明槿知道我在医院，趁着除夕北上祖父母家，全家人顺道来医院探望我。

　　我远远便看见明槿的身影，她一别以往青涩的模样，显得淡定且大方。她的微笑始终挂在脸上，眼神透露出温暖的关心，离开前她伸开双臂，给我一个关怀的拥抱。明槿在我的耳边，轻轻对我说："要加油啊！"

　　望着明槿离去的身影，我的心中充满复杂的感受……

　　时间匆匆过去了，明槿上了高中之后，我和她见面的机会逐渐变少了，如今听到明槿母亲来电，告知我她进入大学，那些陪伴明槿成长的记忆，我们曾经历的成长画面，仍旧如一幕幕电影在我脑海播放着……

心教 Tip

· **Tip1**

和孩子沟通的时候，我常建议大人检视自己内在的状态，若是能达到平静，则是最好的沟通状态。

· **Tip2**

可参考本书第五章。

· **Tip3**

若不能觉察生气的情绪，沟通便不易顺畅，常会卡住。能觉察生气的情绪，是转化情绪的第一步。

· **Tip4**

转化的方式，在第三章中有详尽解释，若能时常练习，转化的速度便比较快速。

· Tip5

这是教育的目标之一，细节在《情感教育第二步：联结渴望，激发孩子成长内驱力》一篇中有所展现。

· Tip6

滋养人的内在情感，让一个人更有价值、意义、自由，懂得爱与接纳，这是我看重的目标。

第 2 章

这样说，没有教不好的"熊孩子"

当我扮演孩子时，我和
爱发脾气的孩子一样发脾气了

老杨个性正直耿介，内心却情感丰富，在学校担任物理老师，遗憾的是他的孩子物理并不好。老杨更感到挫败的是，孩子的情绪管理也不好，一旦遇到挫折，不仅轻易放弃，还会大发脾气。

老杨亟欲解决这个问题，他想当一个好父亲，也想当儿子的好老师，他利用暑假时间教育进修，想找到一个更适切的教育方法。

老杨分享了一件几天前发生的事：儿子拿着物理习题，问老杨该怎么算。老杨思索着要如何教会儿子，他发现这道物理习题牵涉基础的观念，他想知道孩子有没有弄懂这些概念。

老杨问孩子："速率你懂吗？"

孩子的表情有点复杂。

老杨接着问："加速度你会吗？"

孩子不想说话，愤怒的表情写在脸上。

老杨只好问孩子："老师之前教的课，你理解了吗？"

原本绷着一张脸的孩子，突然愤怒的情绪如洪水溃堤，不断地大骂："学校不好，老师也很差劲，根本都不会教！这是什么烂学校！……"

孩子的脾气一发不可收拾，并且说："我不想学物理了！我现在要写语文作业，我要拿答案来抄。"

孩子拿起语文作业，开始一边抄答案一边念了起来……

老杨无奈地问我："该怎么办呢？"我应某大学之邀，为中小学教师开设教育进修课程，分享如何和孩子沟通，如何引导孩子阅读与写作。老杨在课程中，询问如何应对孩子的问题，想寻求解答。

为期六天的教师进修工作坊，已经进行至第六天，现场的老师应该具备基础素养，我正好利用这个案例，验收教师们的学习成果。

我邀请老杨扮演儿子，再邀请现场的教师扮演教导孩子的父母，展现如何通过这几天所学，应对这位好学但情绪不佳的孩子。

第一位扮演父母的教师很认真地扮演一位教导者，老杨也很认真地扮演儿子的模样。这个模拟情境，老杨如实地扮演，将内在的感受通过言行呈现，最后演到孩子发脾气了，我让角色模拟暂停下来，和现场老师讨论：

1. 教师角色在肢体上，是否觉察自己的姿态了呢？

2. 教师角色在语气上是否平静沉稳呢？

3. 教师角色和孩子对谈时，是否从孩子的感受介入呢？

4. 教师角色和孩子对话时，是否联结孩子的渴望呢？

5. 教师角色和孩子对话时，是否找到孩子的正面呢？

6. 教师角色在对话时，是否运用好奇去探索呢？

7. 教师角色对话时，是否运用"封闭的选项"呢？

8. 教师角色对话时，是否懂得运用"停顿"呢？

9. 教师角色对话时，是否和孩子讨论规则呢？

10. 教师的目标是什么呢？

当我和现场教师检讨完毕，教师们都有了更进一步的了解，似乎更有信心面对孩子了。我征求第二位教师进行角色扮演，请老杨再度扮演儿子的角色。我邀请现场教师，按照上述的提纲，探索如何和孩子聚焦问题，并且引导孩子意识到问题的核心，让孩子静下心来，进入学习的状态。

第二位教师的扮演，较第一位教师而言拥有更好的觉察能力，但是扮演儿子的老杨，在对话经过三分钟的时间之后，依然开始闹起情绪来了。

我再次和现场教师讨论，归纳应该注意的重点，探讨该如何切入对话的核心。

总共四位教师上来扮演父亲的角色，虽然每一次的对话都更进步了，但是扮演儿子的老杨都以闹情绪而终。

我带领现场教师讨论，检视扮演父母亲的教师，应对的姿态上分别呈现指责、讨好、超理智与打岔的状态，无论是否耐着性子对待儿子，都使儿子走入同样的反应——脾气浮躁，情绪起伏，不想面对课业。

我也通过角色的扮演，让老杨体验在压力之下，儿子内心世界的状态。通常扮演者可以感受儿子的心灵，会觉察自己平常的应对姿态，进而归纳出更恰当的互动模式。

与孩子沟通时，你可以
觉察到自己的应对姿态吗？

　　当四位教师扮演完之后，在场研习的教师，期待由我上场扮演父亲的角色。

　　我经常以现场模拟的形式，和教师、父母与志愿者研习应对过程；以现场的模拟状况，探索出一个更妥善、和谐的方式，让教师、父母、志愿者与孩子一同成长。

　　接下来轮到我角色扮演了，我是否能让孩子沉淀下来，不让孩子走入情绪的旋涡？是否能引导孩子拥有更深的意识呢？

　　在呈现我的角色扮演时，我先列出一般人的应对姿态，以及理想中的应对姿态。当父母与孩子沟通，教养孩子，进行沟通或传达信息时，父母习惯以何种姿态应对孩子呢？若是我们惯用的姿态有碍彼此的沟通，那么是否能在沟通时拥有更多的觉察，从各方面调整，进而改变自己的姿态？

　　被誉为"家族治疗之母"的大师萨提亚女士，将人的沟通姿态分为数种。在这里我将介绍萨提亚的应对姿态，并且列出常见的应对语言，供读者自我觉察，也希望读者明白教育现场的姿态将影响教育质量。

1. 求生存的应对姿态——指责

常用语言参考："都是你不好。""我又没有生气。""谁叫你这样说。""都是你的错。""我没有问题！""你到底怎么搞的？""拜托！我要说几次你才听得懂？""你再不听话，我要生气啦！""你到底有没有用心？""如果不是我，你早就……""连这个都不会！""你是×× 啊！""你再这样做，我就不想管你了！""我数到三啊！一——二——三……"

语气：语气带着强制性，夹杂着焦虑、愤怒的情绪。可能越讲越不耐烦，越讲越不爽，音量越来越大，声音越来越急促，具有强制性与压迫性。

常有的感受与心理：愤怒、挫折、不信任、不满、被压抑的受伤、孤单。易被激怒、反抗的、拒绝的。

拥有的资源：有领导才能，有能量。

求生存法则：面对压力的环境，人想要求生存，想要保护自己，便以力量捍卫自我，但也伤害了他人。

这样的姿态，如果成为惯性，一旦遇到压力处境就会想要控制别人，令他人感到害怕。想要获得对方尊敬、认可与想让对方听从时，会习惯性地用较强制的方式来表达。

指责者的语调具有威胁感，身体姿势使自己感到重要而有力量，但内在却有低落的自我价值感。指责的姿态忽视他人，在乎情境（谈话内容、道理）与自我。

指责的人想要控制某种情况，却忽略了指责只是带来表象的控制，真实情况却不一定如愿，即使看起来在掌控中，都可能只是假象。

如果老杨以指责姿态应对孩子，会说："连这样的题目都不会，你是怎么搞的？""你来问我，还在那儿发脾气，你到底想怎样？""你给我坐好。""你听清楚了！我只讲一次而已！""我前天不是告诉过你了吗，你到底有没有用心听？""你是不是可以专心一点？""你怎么都教不会？"

在这种姿态下，会表现出：肌肉容易僵硬，身体可能会有肩颈疼痛的感觉，紧绷而难安。

被指责对待的孩子：找个人扮演指责者，自己扮演受教的孩子，体验一下在这种状态下沟通的孩子，心中有什么感受？有什么想法？有什么期待？你会觉得自己是个很棒的孩子，感觉自己被接纳，觉得自己被爱吗？

孩子会因此而努力向上吗？是否会达到我们预期的成效呢？还是创造了愤怒、委屈、愧疚、自责与无奈呢？

从觉知到改变：若是已经觉察自己正用指责的方式应对，请检查自己的肢体语言是否正给予孩子压迫感呢？位置是否居高临下呢？那就先调整自己的肢体吧！试着将肌肉放松，双眼专注且和谐地看着孩子说话。

若是觉知自己在用指责的语言，先别急着责怪自己。就先停顿吧！不要先解决眼前的问题，那并不会变得更糟糕。相反的，持续在惯性姿态中，才会使情况更糟糕。试着让自己放松，接纳眼前的状态。

一旦觉知自己的语气急促、有压迫感，也先停顿吧！

搁下想要教导孩子，且已经成为惯性的无效方式，先深深地呼吸。

接下来试着以更舒缓、更宁静的语言沟通。

若是觉知自己的指责状态，那已经是很好的开始，不一定能立刻改变，别忘了自己拥有如下资源：领导能力与丰沛的能量。若意识到这一点，便能以这样的能量，引导自己改变目前的状态。

2. 求生存的应对姿态——讨好

常用语言参考："这都是我的错。""对不起，对不起，都是我不好。""我没有你就不行。""你喜欢什么，我就喜欢什么！""拜托你不要这样子！""你一直都很了解我。""可不可以安静一点？""好，我愿意。""求求你帮我。""我觉得自己很可怜。""能不能不要再……"

语气：带着焦虑，仿佛提心吊胆，过分小心翼翼，表情及语调显得刻意而扭曲。

常有的感受与心理：悲伤、焦虑、不满、可怜、被压抑的愤怒、无助、委屈、哀怨、易受伤的。忧郁的情绪、易被激怒、神经质、焦虑、恐慌、自杀意念。

拥有的资源：关怀的、滋养的、敏锐的、友善的。

求生存法则：遇到压力的环境，人想要求生存，想要保护自己，便以委屈自己的方式求和平，表面上似乎平静，但可能让自己心灵受伤了。

想让他人满意，因而贬损自己，便是讨好的姿态。比如委屈自己，跟他人无知的过错或缺点道歉，但并不知道为什么要委屈。

讨好者深埋的内心世界，可能觉得自己不如人、不值得被爱，会忍受对方的攻击和控制，最严重的甚至是被虐待。这样的模式，透露出的信息是"你比我重要"，所以关闭自己的需求和感受，试图取悦对方，不想冒险被他人拒绝。讨好的姿态漠视自我，不尊重自己真正的感受，只有对他人和情境（谈话内容、道理）的重视。

讨好的人，常有一种错觉，就是想要达成和谐的目标，维持和平的样貌，就要忽略自身的和谐。和谐是从自身开始，而非深深地压抑情绪，如此一来，不仅问题长久以来得不到解决，也错失了真诚面对问题的成长契机。

如果老杨以讨好姿态应对孩子，会说："你要不要休息一下，待会儿再来算？""好了，宝贝，不要再生气了。""物理不会没关系！""你不要那么急，我帮你算好了。""你太累了！""你已经很认真了！已经可以了！""你要不要吃水果？我先帮你切，你再慢慢想一想。"

在这种姿态下，会表现出：肌肉无法放松，内心有一股紧张感，常感觉自己很累，却不知道该怎么办。可能会觉得头疼，胸中有闷闷的感觉，一颗心很难安定在当下。

被讨好对待的孩子：不妨找个人扮演讨好者，自己扮演受教的孩子，体验一下在这种状态下沟通的孩子，心中有什么感受？有什么想法？有什么期待？

你刚开始被讨好的感觉，和持续不断被讨好的感觉，有什么差别？

你会认真学习吗？会觉得自己很棒，还是觉得父亲很烦呢？有一股莫名的愤怒想要冲出来吗？

是否会达到预期的成效呢？

从觉知到改变：若是觉知自己正在讨好孩子，那么觉察自己的肢体，是否处于不安而焦虑的状态？试着停顿这一切，感觉自己的内在，是否焦虑？是否不安？是否委屈？是否紧张？

若是有所觉察，就先放下眼前的问题，让自己以停顿作为转换的开始，接纳眼前的状态。

试着深深地呼吸，以更舒缓、更宁静的语言沟通。

若是觉知自己正在讨好，那已经是很好的开始，不一定能立刻改变，不要指责自己。别忘了自己拥有如下资源：关怀的、滋养的、敏锐的、友善的。因此先将资源运用在自己身上：关怀自己，滋养自己，敏锐地觉察自己，对自己友善。

3. 求生存的应对姿态——超理智

常用语言参考： "人一定要讲逻辑。" "这个你懂吗？" "你要知道身为一个人，就要懂得做人的道理……" "亚里士多德说：'人是理性的动物。'" "在学术上来看，应该是……" "据我的观察，有几点报告……" "是是是，人一定要讲理，所以'有理走遍天下，无理寸步难行'。" "按照正确的方法，应该是……" "关于这点，我来跟你解释，古人说'……'" "人一定要讲求客观和数据。" "我建议你照着我的话去做。" "连这点道理都不懂，那就白学了。" "我是对的。" "你不了解。" "我知道得更多。" "你不合逻辑。" "我知道什么对我们最好。"……

语气： 理智的声音、富于节制的声音、听起来很冷静、表情较为僵硬。

常有的感受与心理： 仅显露少许情绪、内心极为敏感、孤单的、孤立感、空虚的、冷静、沉着、不慌乱。强迫行为、独来独往、较缺乏同理心。

拥有的资源： 有知识的、注意细节、理智的。

求生存法则： 在遇到压力时，超理智者想要控制他人，以咬文嚼字、引用统计数据和研究报告、强调逻辑等方式，保持自己在讨论中的主导权，言谈很少触及情感层面。这种过度理性的沟通方式，阻隔与对方的情感联结，也阻隔与自我的感受联结，因此常常忽视自己和对方的感受。

超理智者的说话方式，听起来高高在上，过度理性却没有弹性。

身体姿势常挺直而僵硬，目光不常看着对方，反而穿过对方或高于对方，一副高高在上不可侵犯的样子，自我和他人都受到漠视，只重视情境（谈话内容、道理）。

如果老杨以超理智姿态应对儿子，会说："速率和加速度的关系，就是……""你懂速率吗？""你知道为何要学物理吗？""拿破仑曾说，胜利属于最坚忍的人。""不要那么毛躁，没听过'无法转变天气，却可以转变心情'吗？先深呼吸一口气。""马斯洛说：'心若改变，你的态度跟着改变；态度改变，你的习惯跟着改变；习惯改变，你的性格跟着改变；性格改变，你的人生跟着改变。'所以要先改变你的心态，这样你懂吗？""《大学》提到：'知止而后有定，定而后能静，静而后能安，安而后能虑，虑而后能得。'你要懂得定、静、安、虑、得。"

在这种姿态下，会表现出：语气僵硬如宣布命令，或者谆谆教诲，不带着感情。背部容易僵硬，声音刻板，有着一丝不苟的固执，并且觉得自己面对儿子的情况，应该以非常冷静的方式处理。

被超理智对待的孩子：找个人扮演超理智者，自己扮演受教的孩子，体验一下在这种状态下沟通的孩子，心中有什么感受？有什么想法？有什么期待？

当超理智者开始说道理、说教的时候，请觉察自己的状态，会是很专注地聆听吗？能够解决自己的问题吗？会不会很想叫说理的人停止呢？

从觉知到改变：超理智的人，因为太依赖大脑思维，不容易觉察自己的姿态。

若是觉知自己正在说理，或者正在说教，那么觉察一下自己的眼睛，是否平静而专注地注视儿子？觉察自己的手臂，是否交叉在胸前？

若是觉知自己的状态，就试着将双手下垂，安然地放下来，并且带着温暖专注地注视着孩子，试着将话题带离原有的讨论，看看如何与孩子情感联结。并且试着探索自己内在，是否有焦虑？是否有孤单？还是完全找不到感受？若是找不到感受，那就深呼吸，以觉察自己为目标，放下想要教导孩子的姿态。

若是能觉知自己正处于超理智姿态，已经是很好的开始，不一定能立刻改变，但已经开始要改变了。别忘了自己拥有如下资源：有知识的、注意细节、理智的。等待抽离和孩子相处的模式之后，以超理智的聪明，可以清楚分析这一套应对姿态已经成为惯性，且没有为现状带来改变，那么现在可以试着改变了。

4. 求生存的应对姿态——打岔

常用语言参考："我忘了！""现在几点了？""哇！这件衣服好漂亮呀！我奶奶也有一件。""天哪……""你说什么？我怎么听见有人叫我帅哥？""有人在叫我吗？是是是！我是金秀贤。"

语气：不自然的、轻浮的、不安的、张扬的、戏剧性的、微弱的。

常有的感受与心理：敏感、孤单、焦虑、不安、悲伤、空虚、易显示脆弱的、困惑的。不合时宜的、控制不佳、较为混乱的。

拥有的资源：幽默、有弹性、有创造力。

求生存法则：当遇到压力时，改变话题以分散注意力，是一种应对的方式。但成为惯性之后，常不能专注于一件事上，说话抓不到重点，并且避开个人或情绪上的话题，却喜欢讲笑话。

打岔者想转移焦虑或害怕的主题时，可能会改变话题、中断谈话，不安地走来走去，或是离开现场，或者透过不相关的话题，显示自己不想进入情境和他人，自我、他人和情境都受到漠视。

如果老杨以打岔姿态应对孩子，会说："哇！你看那是什么？哈哈！是你的声音加速度撞过去啦！""这题不会算啊！那水果会不会吃？""我一定会算，如果地底会喷现金的话。""不会算的话，那就去工作啦！""哇哇哇地叫就会吗？我也不会呀！""要不要去看电视？"

被打岔对待的孩子：找个人扮演打岔者，自己扮演应对的孩子，体验一下孩子是否也很想打岔？感觉浮躁而坐不住，而问题永远没有解决的一天。

从觉知到改变：当觉知自己正在打岔，需要的是停顿与专注。关注自己的内在，是否有不安、焦虑？若是有了感觉，那就深呼吸吧！告诉自己慢慢来，并且准备好接纳自己的不安焦虑，再专注地面对孩子，并且记得精简和孩子的对话，不要多说。

5. 一致性的沟通姿态

常用语言参考：带有感受、思维、期待、愿望及不喜好的诚实；开放而分享的；聆听他人；尊重自己、他人与情境三者；真实的语言与身体姿势、声调、内在感受配合；语言也显示对感受的觉察。

语气：沉稳而深刻、和谐的、语速缓慢的。

常有的感受与心理：宁静、安详、和谐、平和的、有爱心的、接纳自己与他人。高自我价值、欣赏自己、与生命力联结、重视自己且尊重他人。

拥有的资源：自我觉察、负责任的、开放的、关怀自己与他人、统整、联结、接触、高自我价值。

如果老杨以一致性的姿态应对儿子，会表现出：沉稳平和的动作，安定宁静的语气，专注和谐的眼神；表达自己的信息，并且愿意为自己负责；探索孩子的困难，以开放的态度询问，更进一步接纳孩子的处境，协助孩子面对心灵的浮躁、不安与沮丧；协助孩子面对自己的问题。

实际的例子可参考后面的对话。

被一致性对待的孩子：心灵较容易得到宁静、得以真诚面对问题、懂得为自己负责任。

更多关于一致性： 表达我的信息，即觉知与表达感受、厘清与表达观点、表达自己的期待、能接触自我的渴望。为自己负责，即为自己的感受、观点、期待负责。

其中的沟通姿态，参考《萨提亚家庭治疗模式》并且增加个人的看法。

刚刚学习萨提亚模式的人，对于一致性比较不容易明白。我节选《萨提亚家庭治疗模式》一书中对于一致性的解释，便于读者了解，若有兴趣探索此一模式，阅读《萨提亚家庭治疗模式》将会更深入了解。

一致性更深入的阐释如下：

一致性不只是一种姿态，而是让人可以更趋于统整而且富有人性的另一种选择。它是一种存在状态，也是一种与我们自己、与他人沟通的方式之一。高自我价值和一致的状态是检测个体是否能成为具有更完善的机能的人的两个主要指标，也是萨提亚模式的理想境界。

当我们决定一致性地回应别人时，并不是因为我们想赢过别人、想控制别人或控制情况，或是想抬高自己地位、获得别人的爱戴。选择一致性，只是意味着我们选择做我们自己、与别人接触并建立关系，没有障碍地表现出自己的内在价值和坦诚地面对外界。

沟通的时候，人们常向对方做出"实时的反应"，但是我们可以选择一致性的回应，也就是"适当的回应"，当我们拥有一致性时，情绪上的触动就失去了力量，而我们也不再是过去的受害者了。

放下面子沟通出内心的真实想法，孩子会变听话也会更爱你

老杨（此处扮演儿子，下同）："父亲，我这道物理题不会算。"

我（此处扮演父亲，下同）以平稳的语气，和缓地说："我看看。"

我接过老杨的物理习作，专注地看着，此时我与老杨对坐，我的肢体放松，双肩轻松舒缓，并能觉察到自己内在的宁静。

我看了十秒钟，抬起头来，专注且温和地对老杨说："嗯！这一道物理题，我也不会算！"（Tip1）

老杨有点惊讶，这个答案大概超出他的预期。因为我不是物理老师，我的物理并不强，我评估自己也许不能理解初三物理，而且我有更重要的目标。

我将物理习作放在一旁，语气平稳地问老杨："我很好奇，你遇到物理题目不会算，怎么这么认真、这么勇敢地来问我？"（Tip2）

老杨腼腆地说："因为我不会呀！"

我专注且语气沉静地回应："嗯，我知道。不过我好奇的是，我

平常对你很凶，有时候还会不耐烦，你怎么还这么勇敢地来问我呢？"（Tip3）

老杨脸上的表情复杂，如秋季日落时的云霞，显现出一种纯真，很诚实地对我说："对呀！父亲的脾气很不好，每次问你问题，你都很不耐烦。"

我语速缓慢，认真地说："我跟你道歉。"（Tip4）

我停顿了一下，才继续说："对不起。我以前的确脾气不好，但是我想要改变了。因为我去上了一门课，所以决定要改变了。你愿意原谅我吗？"（Tip5）

老杨脸上的表情更丰富了。

…………

我省略中间的对话。我的角色扮演，老杨并未扮演到发火、情绪失控的姿态，因为他没有机会情绪失控，或者说情绪失控的概率比较小。若是老杨真的让角色扮演进入失控的状态，我相信"一致性"的应对，有助于父子拉出一个长远的脉络与目标，逐渐让父子关系走向和谐之路，进而让父亲协助儿子共同面对学习上的问题。（Tip6）

这场角色扮演，最后老杨说了："阿建老师，如果你真的是我父亲，我要对你说：'我好爱你呀！'"

我问老杨："那你会不会认真读书呢？"

老杨说："我绝对会认真读书。"

接着，我和现场教师提问与讨论，我在角色扮演中是否符合授课提出的方向？

与孩子沟通时，
你准备好了吗？

当父母、教师要和孩子对谈时，我建议在姿态上要先准备好自己。

◆ 在肢体的仪态上，归纳下列几点：

1.让自己的肩颈处于放松状态。

2.双手自然放置，不做出指责、讨好、超理智与打岔的姿态，专注且放松地对话。

3.眼神与谈话的人，尽量维持同一水平，亦即眼睛的高度相当。

◆ 在说话的语气上，归纳下列几点：

1.说话的声调尽量平稳，勿将声音紧缩在喉头处。

2.语速平静缓慢，切莫急促。

3.说话之前深深呼吸，安定自己的内在。

呼吸是沟通过程中很重要的一点，人们每时每刻都需要呼吸，但是很少注意、观察或有意识地呼吸。

练习芭蕾、瑜伽、太极拳与静坐，体会呼吸与人的关系。我发现有意识地深呼吸，有助于人摆脱焦虑，若是深呼吸时能将注意力专注于美的事物，或者专注于调动心灵中的感激、爱、宁静等状态，有助于人变得更放松与平和。

不少人面对压力时，感到焦虑不已，但焦虑感带来的呼吸浅短，会成为一种不自觉的习惯，平常也容易呼吸短浅急促。若是呼吸急促而浅短，常无法如常地生活，说话也会显得急促，且易让人感到焦躁；若是呼吸悠长而深刻，则会说话和缓稳定，易让人感到宁静安然。

因此建议教育者经常深呼吸，而且有意识地深呼吸，并且随时随地深呼吸，哪怕是在开车、等红绿灯、打计算机、散步时，都能有意识地深呼吸一到三次，只要缓缓从鼻腔吸气，缓缓从鼻腔吐气即可，其他如腹式呼吸等各种呼吸法就更好了。若是能有意识地深呼吸，在面对教育困境时，就能以更平和的心境面对了。

心教 Tip

· **Tip1**

一方面我真的不会物理，另一方面有时师长若非教导者，而是共同探索问题者，孩子更有意愿共同学习。

· **Tip2**

此处便是以正面好奇，和孩子一同探索。但探索的目标，已经从原本的功课转移成情感，在第三章有详细描述。因为课业讨论也是亲子沟通的一环，我舍弃了对功课的讨论，而是直接进入应对姿态的讨论，目的就是要创造一种新的面貌，而不是在情绪上卡住。

· **Tip3**

将正面好奇更深入一步，有助于孩子意识到问题，同时也是再次聚焦于应对姿态议题，因为前面的回答，只是说明了一个状况，并未更深入探讨。

· Tip4

道歉不是策略，道歉是真诚的表达。因为有感于自己要改变，因此真诚道歉。因为要改变孩子之前，要改变自己。

· Tip5

再次聚焦于诚恳的表达，这是彼此真诚流动的开始。

· Tip6

当彼此的沟通和谐了，讨论课题这件事，便显得比较简单了，情绪不会卡在一个地方。因此疏通情感，要比讨论课业更优先。这也符合萨提亚女士所说："面对问题不是问题，如何面对问题，才是问题。"

第 3 章

孩子说害怕，父母的第一反应很重要

情感教育第一步：
从感受切入问题

　　我常常在开讲座时，现场示范教养、教育与对话的方式。很多人都讶异我是如何能在短时间内，使得状况不那么棘手，进而达成和谐一致的教育目标的。这是我通过萨提亚模式学习而来，除了一致的姿态、语气之外，我经常在应对时，从感受切入对话的脉络，这样仿佛会让事情变得简单许多。

　　前一章在讲解一致性的应对姿态时，有一项便是表达自己的信息，并且为自己的信息负责。读者在阅读故事或个案时，可以检视自己以往的对话，是否负责地表达自己的信息，是否经常从感受切入对话之中，又是如何在对话中切入感受。这样做，会在阅读中有更深刻的理解。

　　因此，我常建议父母，练习在对话中，切入感受的层次，让孩子觉知自我，更进一步地意识自我；我也建议教师，在课堂引导孩子讨论问题、事件、文本，从感受层次进入，将会呈现出不同的面貌。

在教育孩子之前，
你关注过自己的感受吗？

人类诞生于世界，便以感官和世界接触：倾听世界的声音，看见世界的景物，闻到世界的气味、品尝世界的味道、感知世界的温度……

除了感受这个世界，人们也感受到自身的放松、舒缓、紧张、疼痛、酸痛、刺痛、僵硬、灼热……

内心也有感受，一般人熟悉的感受，是各种情绪：喜悦、兴奋、平静、害怕、生气、难过、不安、焦躁、尴尬、紧张……

人最初以感官接触世界，并且逐渐认识世界。但这样的生长秩序，逐渐被知识、概念、规则绑架，忽略了感官的重要性，衍生出诸多问题而不自知。多数人在长大成人的过程中，无法深刻感觉身处的世界，忽略了身体的感受，忽略了心灵的感受。

读者不妨试着思考下列问题：

你注意周遭的颜色吗？能清晰地看见线条吗？注意环境中光影的

变化吗？聆听周遭所有的声音吗？对气味是敏感的吗？这些感官是同时开启的吗？

善于运用感官的人，应有鲜明的体验，当感官专注于环境，与未开启感官时有巨大差别。

你注意身体的感受吗？感觉手脚的自由？感觉身体的轻盈？感觉身体的紧绷？感觉身体的酸痛？感觉身体的麻木感？

善于觉察身体感受的人，最常体验身体的自由，感到身体的美妙状态。若是不常觉察身体感受，一旦将意识专注于身体感受，常感受到身体的紧绷与不适。

你是一个注意内心感受的人吗？能感觉内心的宁静、浮躁、自由，或其他的各种情绪吗？善于觉察心灵感受的人，最常体验心灵的宁静，容易有喜悦与祥和的感觉。若是不常觉察心灵感受，一旦让自己深呼吸，宁静地探索自己内在的感受，就真正有机会正视长存于体内的感受。深呼吸是一种停顿，有助于觉知与意识当下。

我并非教导身心的课题，而是开启感受的觉知，这是教育中深刻且重要的项目，但往往被绝大多数的人忽略了。比如，本书前两章所述，觉知肢体的动作，觉察说话的语气，都是让受教育的一方，拥有正面及宁静的感受，也能让受教者学会安稳、宁静与专注的说话方式。反之，则易让受教者感到浮躁不安。日常生活中，多数人应该拥有类似经验：和某人讲话，内心容易浮躁；和某人说话，感觉特别不舒服；和某人说话，容易感到放松；和某人说话，感到特别宁静。不论谈话的内容，只是凭借着说话的语气与表情，就可察觉到说话人的情绪，也影响倾听者、对话者的情绪。我发现内心多浮躁、愤怒、不安、焦虑、委屈、不安、难过的人，言谈举止也特别易让人感到不稳定；反过来看，内心多宁静、平安、喜悦、淡定、稳当、和缓的人，言谈举止也特别能为人带来稳定的感受。

让自己能够宁静淡定，不为负面情绪干扰，第一项要素并非压抑、否认或逃避感受，反而是正面的觉知、承认、接纳感受，才能真正转化这些情绪。

会承认并转化自己的情绪，才能在孩子有情绪时提供帮助

人时时刻刻都拥有感受，但是大部分的人并未觉知感受，反而选择忽略感受，甚至否认自己有感受。受到人们忽略、否定的感受，往往是"负面感受"居多：生气、难过、害怕、不安、烦躁、紧张、闷……人们似乎认为忽略、否定负面感受，就代表自己没问题，就代表自己有高情商。

我常听见人们讲话，越讲越大声，越讲越激动，旁边的人提醒他："你不要那么生气！"而大声说话的人，常激动地辩解："我没有生气！我只是讲话比较大声而已。"

他的非语言信息中，姿势、语气、神情都充满激动与怒气，他却说没生气，到底有没有生气呢？他未觉知自己生气了，以理性否定情绪。

有时我见人们谈话，某人越讲越生气，对话中都出现数次"生气"的字眼了，问他怎么生那么大的气，某人却说："其实我并没有生气！""其实我不是很生气！""我真的没有在生气。"

对大多数人而言，情绪仿佛洪水猛兽，而人们应对洪水猛兽的方法，往往是拒绝意识、拒绝承认"它们"，任洪水猛兽在体内奔腾，只是欺骗"头脑"这个发号施令的皇帝。

若是觉察了情绪，头脑也愿意承认情绪了，你会如何表达呢？

比如你对某人的行为不满，感觉到自己在生气，你会如何表达生气的情绪呢？是否能一致性地表达自己呢？不仅表达了信息，也能够

为自己负责？一般人表达情绪，往往是要别人为自己负责，也有人以自责的方式表达，这都不是一致性表达。真正的负责任表达，并非指责自己与他人，而是一种接纳之后的承担。

假设你正经历如下的状况：家里经济并不宽裕，伴侣旧有的 3C 产品仍能使用，却购买一款昂贵的 3C 产品。你已经感到心中的愤怒，你会如何表达呢？

有人以指责的方式，表达自己的意见。

"谁叫你买这个东西？你很有钱吗？""你买了一款，我也要买！""东西很好用哦！""家里都没钱了！你还敢去买！""你都这样浪费钱吗？""谁叫你买的？""下个月的生活费怎么办？"

有人以隐忍委屈的方式，不表达生气，或者说："没关系。""你喜欢就好。"……

上述的答案，是我在演讲场合中，最多人回应的答案。但是上述回应，没有一项提及"生气"。人们常常困惑地反驳："有啊！在语气上已经很凶了啊！"

但是很多人的语气经常都带着愤怒，怎么知道你在表达愤怒呢？前面提到有些人明明很生气，却说"我没有生气"。

在家庭教育中，父母若是这样表达愤怒，孩子会长成什么样的人呢？他会养成什么样的内在？会有什么样的应对模式，是否将来也会这样表达愤怒呢？会不会只是流于争论对错？而世界上大多事情却无绝对的对错。

当大人以愤怒的语气与孩子进行沟通，孩子会不会产生惧怕呢？是否会不乐意沟通，不敢让父母知道自己的想法，以免父母的责难？是否会因此而恐惧，畏首畏尾不敢做决定？是否会以愤怒回应大人，学习大人采取的应对模式？

有人习惯以不说话表达愤怒，但期望他人知道自己生气了。当人们忽略不说话的人，忽略了他的生气，不说话的人忍不住了："你刚刚没看见我在生气吗？"然而不说出来，别人怎么知道呢？

有人习惯掩藏愤怒，以不说话掩饰自己，但神情很难掩饰得住。当人们察觉了身边人有异，关心地询问生闷气的人："你是不是生气了？"被询问的人常会不耐烦地说："没有啦！"

"那你怎么都不说话？"

生闷气的人更生气了："不说话不可以吗？"

该如何表达愤怒呢？可否直接表达生气的信息呢？

如下也是我们常见的语言："我很生气！谁叫你买那个 3C 产品？""我非常生气！你实在太过分了！竟然……""我气死了！你到底是怎样！"……

上述语句大家应该不陌生，表达了愤怒的信息，但是未将事情变得更和谐。因为人们常要他人为自己的愤怒负责，那便是指责的姿态。

上述说话的方式，充斥在我们身边，你我应该都不陌生，从家庭、学校、电视、媒体、邻居，甚至是路人的对话……

读者不妨思索，如何才能既表达信息，又能为自己负责任呢？此处的意思是：我们能否为自己的情绪负责？我们所教养的孩子，是否能脱离这样的环境？懂得为自己负责，而不是将情绪压抑、奔流，或者暧昧不明。人生来就拥有感受，拥有各种情绪，这是再自然不过的事。情绪本身不是个问题，有问题的是表达情绪的方式，比如生气的时候打人、骂人、跳楼、自残、恐吓……都是欠妥当的表达方式。

若能觉知自己的情绪，妥善对待自己的情绪，合理表达自己的情绪，就能通往和谐、宁静与平安的道路。若是懂得与自己的情绪相处，懂得表达自己的情绪，心灵就变得和缓平稳，教育通常变得相对简单，因为身教是教育中最根源，也最重要的一环。

善对自己情绪的 5A 自我对话程序

在善对孩子情绪的时候，需要先整理自己的情绪。这个看似简单的前提，却往往是大人们很难做到的，因为大人们的成长过程，也曾被人压制、漠视与忽略情绪，又如何拥有善对自己情绪的方法呢？遑论善对孩子的情绪，甚至帮助孩子从细微处意识情绪了。

物理学家费曼说："知道事物的名称，和了解某件事物，中间有很大的差距。"

我深深觉得知道事物的道理，和实践那个道理之间，也有很大的差距。知道自己不要发脾气，和做到不发脾气，这中间的距离仿佛地球到月球一般遥远，有人说自己没有发脾气，却在语气上表露了愤怒，这之间的差别也很难捉摸。

市面上的教育教养书籍，多半要大人管控情绪，但管控的细节模糊或忽略。一旦大人遇到情绪失控的时刻，新的情绪如愧疚、对自己生气、难过、不安伴随着而来，这种"生生不息"的情绪衍生，实在是令人绝望且沮丧。这样的情况，往往让人产生烦躁、不安、郁闷、紧张等情绪，不能聚焦在当下的处境，也就无法与人顺利应对了。

善对自己情绪的第一步，先让自己意识到惯性，或者意识身体情绪，并且在意识到的当下，让自己停顿下来，不在惯性中继续应对。

当停顿下来之后，最好先觉知自己的情绪，是生气、烦躁、不安、难过、沮丧，还是害怕呢？觉知的程序，可以通过一个又一个选项，试着缓慢地问自己："我在生气吗？""我在烦躁吗？""我在沮丧吗？"……

若是能够觉知当下最主要的情绪，就承认这个主要情绪，并且允许自己拥有这个情绪，接纳自己拥有这样的情绪，那么情绪就有了转圜，反而不会形成那么大的困扰。这也是当我们对孩子说"我知道你很……"的时候，孩子的情绪被卸下了一半的原因，因为他无须再用力量隐藏与对抗这种情绪。

美国的研究人员发现，帮助那些焦虑的人，不是让他们不要焦虑，而是让他们正视焦虑。比如在考试之前，让学生将他们的忧虑写在纸上，竟然能有效提升学生的成绩。

我在萨提亚模式中，学到和自己情绪相处的方法，并且将萨提亚模式健康应对情绪的路径进行归纳。以自我对话的方式，缓缓在内心一步步诉说，有助于帮助人们善对自己的情绪，这个步骤就是 5A 的自我对话程序。

当我们意识到自己有情绪，便停顿下来，给自己两分钟的时间，找一个小小的空间，和自己进行对话，这个对话的脉络是：

- 觉知（aware）情绪
- 承认（acknowledge）情绪
- 允许（allow）情绪、接受（accept）情绪
- 转化（action）情绪
- 欣赏（appreciate）自己

当我感觉自己难过了，我不想让难过困扰自己，因为难过可能让人心神恍惚，让人胸口阻滞，让人无法专注聚焦。我可以在心里面告诉自己：

1.我感觉自己有一点难过。（停顿十秒钟。）

2.我承认自己是难过的。（停顿十秒钟。）

3.我允许并且接纳自己感到难过。（停顿十秒钟，甚至更长一点时间。）

4.为自己做五次深呼吸，感觉呼吸从鼻腔进，从鼻腔出去。

5.告诉自己，即使我感到难过，我也欣赏自己仍然这么努力。

若是感到愤怒、烦闷、焦虑呢？也可以在心里面告诉自己：

1. 我感觉自己有一点生气。（停顿十秒钟。）

2. 我承认自己是生气的。（停顿十秒钟。）

3. 我允许并且接纳自己感到生气。（停顿十秒钟，甚至更长一点时间。）

4. 为自己做五次深呼吸，但是呼气的时候，想象愤怒从鼻腔吐出，并且有意识地发出声音，让愤怒有机会从体内流转到体外。五次深呼吸做完之后，再做五次深沉而缓慢的深呼吸。

5. 告诉自己，即使我感到生气，我也欣赏自己仍然没有放弃。

在我引导自己与带领学员的经验中，越是能觉知、承认、接纳自己的情绪，情绪就越能趋于缓和，逐渐不被负面情绪困扰，或者被困扰的时间不至于过久，心灵也能逐渐得到宁静与自由。

当一个人愤怒地说："我没有生气，我只是说话比较大声。"

当一个人语气急促，大声地咆哮，大声地说话。

当一个人故意不与人沟通，或者顾左右而言他。

当一个人隐藏愤怒，只是想讨好其他人。

当一个人已经愤怒了，只想通过道理说服他人。

这些人都未必觉知自己在生气，因此觉知生气是第一步。

觉知生气了，只是发生在头脑（认知）的层次，却未必愿意在心灵的层次和愤怒接触，会在潜意识依惯性封阻。最常见的就是有人说："对，我在生气！谁叫你……""对，我在生气！不行吗？"愤怒的情绪继续流窜，无法得到正确的出口，问题永远都在缠绕的状态，无法真正解决。

因此所谓的觉知，不是只有头脑的认知，更有身体与心灵的整合。通过在心中默念 5A 的程序，缓缓让自己由头脑层次，经过停顿与意识，逐渐整合于身心之中，情绪就有机会转化，人也会拥有更多的宁静与自由。

当人的情绪更自由，感官也就有机会更细腻丰富，不再困于褊狭的负面情绪之中，身心里的困顿、烦闷、不安、紧张、愤怒、委屈等各种负面情绪减少，教育孩子就会变得简单许多了。

在教养、教育程序中，教导孩子面对情绪与感受，我认为是重要的课题。当我写作此篇时，收到一封来信，来自后综高中的张芝华同学，她曾于文艺营听过我的讲座，给予我一封反馈信。我征得她与父母同意，节选她一部分回信内容，说明情感教育的重要，实行起来也并不困难，落实在文学教育之中，也是相当美丽的风景。

我当天在台中女中讲座，通过文学作品打开孩子们的次级感官，运用正面好奇的对话，让参与的孩子们将叙事、观点与生命经验联结。

以下是信的节录：

"我清楚记得，您用情感丰富的声音，娓娓向我们道出童年和求学经过，惹得学生哈哈大笑。印象最深且无法忘怀的，是您讲陆游的《钗头凤》，还不忘停下来，让我们猜故事的后续，我们也把故事编得天花乱坠。您称赞我们并且告诉我们训练思维能力与创造力的方法：可将书合起来思考剧情的下一步。这让我感到无比新鲜。当我被您的故事感动得一把眼泪一把鼻涕，为故事结局双目含泪时，您却哎呀一声，告诉我们那是信手拈来的故事，让我感到非常惊愕。

"您通过故事让我们感动，还告诉我们情绪的重要性，要为自己的情绪负责，要懂得表达自己的情绪，要正视自己的情绪，还要我们学会原谅自己……

"学校教的知识千奇百怪，无奇不有，却从来没有人教我们要怎么面对与处理情绪这种东西。您带领我们走到文本的另一个世界，这个世界让我大开眼界，我对您所描述出来的天地神往不已，也深深撼动了我的世界观……"

通过文本让孩子体验，是将情感教育以客体的形式，联结孩子内在的情感，打开孩子的生命经验，扩大他们的世界观，也引导了情绪的正面流动。在传统的教育脉络中，人的情绪往往被压抑，也被赋予负面的意义。常见孩子情绪管控不佳，衍生出诸多不当的事件，起因于无人教导孩子认识情绪的面貌。因此教导孩子正确认识情绪，是我在课堂中常带入的内容，实行起来亦并非难事。

除了听过一次演讲的芝华对情绪认知给予反馈，还有一位我认识两年的学生赖芷妍，她常向我分享生活的事件，还有情绪如何应对。两年前她面对人群、功课与生活中的困境，常陷入情绪的旋涡，回旋久久而无法挣脱。我除了稳定地展现关怀与爱，陪伴她这段情绪起落的岁月，也教导她如何面对负面情绪的方法。两年过去了，我感觉到她每个阶段都在进步，虽然偶尔仍会陷入情绪迷障，但是时间已经变得相对短暂，能够独立从情绪中走出来。当我问她如今情绪应对的状况，她回了短信给我：“我觉得现在比起两年前，我增加了很多和情绪相处的时间。以前只要碰到不好的感觉，就会一味地陷进去，但现在我会识别自己的情绪，然后与它共处。虽然我还是经常逃避，但两年前的我连觉察情绪都做不到。”

我为芷妍感到骄傲，并且常为她祝福，她觉知自己的情绪，也看见自己的进步。我没有特别为她记录成长故事，因为她的故事太长，需要大量的文字篇幅呈现，但是她一直如实面对，而且一直都没放弃成为一个更好的人，也让我体验到情绪教育重要且并不困难，因此特别提出来。

压抑孩子的情绪表达，
对孩子是种伤害

　　情感表达的方式来自童年接受的教育。当孩童受了委屈、挫折，感到难过、生气，父母亲并未容许孩童舒散情绪，只是让孩童转移注意力，或者以打骂、羞辱、恐吓、瞒骗的方式，杜绝孩子的情绪表达，让孩童的内在埋藏伤痛。

　　我常常询问家长，孩子几岁听得懂道理？

　　当孩子上幼小的阶段，通过感官探索、认识这个世界，若是父母常常对着孩子说教，或者带着情绪对孩子说话，孩子的感官便无法完整发展。

　　孩子如何从感官通往概念？

　　我们的教育常常将概念摆在首位。比如一个二年级的孩子，老师教孩子写作文时，并未让孩子依照程序，先从感受风的和畅，感受阳光的美丽开始，甚至不引导孩子开启觉知意识，便让孩子运用概念，使用成语"风和日丽"。我常见一个孩子，从二年级开始写风和日丽，却不感觉到文章中有体验性，一直写到初中了，仍然一提笔就"风和日丽"，成为一种反射动作。

孩子美好的感官未被发展，便被概念优先绑架了。

另外，由于被父母的道理、训斥压制，孩子的情感无法完整发展，内在更加窒闷，无法专注，同时累积大量的伤痛，却无能力处理。我在大量的个案中发现，只要注重情感的互动，孩子就有健康的转变。

这些对待孩童情感的方式，已经成为一种习惯，甚至成为整个人类、国家、民族的常态。人们将此种应对方式视为理所当然，谈论教育现象也未从此处进入，而是浮面地、表象地、概念化地讲述这些问题，这将很难推动整体教育的进步。比如，阿明就深为这种问题所苦，却毫无觉察，也就毫无准确的方法应对了。

阿明经常向我抱怨，儿子的脾气不好，动不动就发脾气，问我该如何是好。

孩子的情绪问题，与家庭教育密切相关。若要孩子拥有较好的情绪管理能力，情绪稳定而非浮躁不安，大人就要懂得善对孩子的情绪，允许孩子拥有情绪，而非讨好与顺应孩子的意志。大人首先需觉知自己的情绪，并且懂得梳理自己的情绪，才能引导孩子的情绪逐渐成熟。

我跟阿明探询，是不是他们宠孩子呢？阿明挥一挥手否认："我和老婆从来不宠小孩。"

宠孩子的意思，便是一味顺从孩子的意志。当孩子日渐成长，遇到不满足的情况，父母又无法满足期待，孩子的情绪反应就会很大。

我经常看见父母宠孩子，父母总是说："没办法呀！"

若是父母一味宠孩子，那便是"爱之适足以害之"，苦果只好让父母吞咽。

某个秋天午后，我听见阵阵孩童哭闹声，断断续续不绝于耳，凄厉的哭声随着秋风从巷弄传来："我不要……我不要！我要哭了啊……

我要哭！……"

孩子哭哭闹闹相当常见，我感到好奇的是，孩子想哭就哭吧，为何声嘶力竭地宣告"我要哭"呢？仿佛以哭泣来绑架大人。

我探头朝楼下看，看见邻居老奶奶蹲着身子，像个仆人般哄孩子："好啦！好啦！宝贝。别哭、别哭！奶奶明天买给你好不好……"

父母希望孩子不要哭，以条件换取他平静的情绪，孩子易学得以情绪要挟父母。比如，餐厅的服务员，拿糖果给哭闹的孩子，要他们安静不哭闹，往往能暂时安抚孩子的情绪。若是父母也如法炮制，以糖哄孩子不要哭闹，那么当孩子想要吃糖，而要不到糖吃时，就会以激烈的情绪反馈。

阿明否认宠孩子。孩子的情绪管理不佳，反应激烈，或者呈现极端反应，除了孩子受宠，父母的脾气可能也不好。

阿明又挥挥手说："我们夫妻的脾气好得很！不会乱发脾气。"

我进而探索，问："那么孩子会为了什么事情，而发脾气呢？可否举个例子给我听？"

阿明摇头又叹息，儿子的情绪管理欠佳，动不动就发脾气，已成了家常便饭，例子不胜枚举。

阿明举了一个前晚的例子：五年级的儿子方方，蹲在客厅玩小汽车，阿明提醒儿子："方方，等一下要去写功课啦！"方方当时还很乖巧地回应："哦，好。"

半小时过去了，阿明再次回到客厅，看见方方还在玩玩具，手叉着腰对儿子说："都几点了，还不去写功课！只知道在那里玩，讲都讲不听！"

方方的情绪瞬间爆发了，激动地站起来，对着阿明吼："你很烦啊！每次都这样！"

方方将玩具甩在一旁，生气地踩着楼梯，回到房间狠狠将门甩上，留下巨大的甩门声。

阿明重新述说这出家常戏码时，神情非常激动："你看看这孩子的脾气，怎么会这么坏呢！"

方方本来在玩游戏，被阿明挑怒了情绪，因为阿明的语气是指责。

我听出引发方方生气的关键，是阿明愤怒的语气，我问阿明："是你先生气的吧！"

阿明说："没有吧！我没有生气呀！"

我再次问阿明那时的状态："你一点都没生气吗？"

阿明说："对呀！我没有生气！"

当我静静地看着阿明，阿明才缓缓地说："好吧，我有生气，但是改不掉啊！"

方方的坏脾气，怎么来的呢？

当阿明手叉着腰对方方说："都几点了，还在那里玩！讲都讲不听！"这句话的语气，已经带着愤怒的情绪。阿明以愤怒的语气压制方方，方方只是以更愤怒的表达回应而已。这是方方从父亲身上学习的方法。

阿明未觉察自己的生气，正是在一般父母身上常见的状况。应对孩子的第一步是觉知自己的情绪，然后才有办法进行情绪的转化。

阿明沮丧地承认他生气了，但是改不掉。若是大人改不掉，这个问题就很难解了，因为孩子也很难改变呀！那谁先改变呢？我的答案当然是父母要先改变。

身为父亲的阿明，从小所受的教育，就是"不应该生气"，却形成已经生气而不自知的状况。当阿明以生气的态度和孩子互动，孩子的回应又怎么会健康呢？大人除了无法觉知情绪，也常常压抑孩子的情绪，导致了孩子内在的浮躁。比如孩子生气了，跟孩子说："不准生气！"孩子难过得哭了，跟孩子说："好了！别哭了！""不要再难过了。"

最典型的就是当孩子害怕时，父母常用安慰的方式回应。当孩子告诉父母："明天要去演讲，我觉得好害怕。"我常常听见父母跟孩子说："你不要害怕！把台下的人当西瓜。"当孩子紧张了，父母常跟孩子说："你不要紧张！真的不要紧张。"当孩子有压力了，父母最常安慰孩子："你真的不要有压力！"我也常常听见父母或老师鼓励孩子："你一定没问题的！"

试问这样的方式，有助于孩子解决问题吗？还是让孩子衍生更多复杂的情绪呢？因为孩子一旦做不到，便可能对自己生气，情绪积压在内心无法排解。

如果情绪真的是洪水，压抑情绪不是更危险吗？

过去的年代，人们很少关注感受议题。也许因为物质缺乏，努力求得温饱都来不及了，谁还在乎感受呢？但是过去的年代，父母生养孩子较多，即使父母严厉，也无暇全天候管教孩子。而且成长环境较为单纯，人的感官体验亦较为纯粹，孩子受到较少约束，感官得到某种程度的释放。

现今的年代，父母生养孩子较少，一个家庭普遍一到两个孩子。父母虽然注重教养，但是很可能缺乏身教意识，有时像个保姆宠孩子，有时像个法官监视与审判孩子。况且现代环境中，权威被解构了，信息快速流通，电子产品大量充斥，孩子的感官无法得到深刻体验，反而在迅速流转的世界中积累了大量的浮躁、愤怒与忧伤。孩子无法正视情感的美丽与枷锁，以至于教育过程事倍而功半。虽有人大力推广冒险教育、漂流教育、体验教育，或者其他另类教育体系，但是从各种管道解放情绪与体验感官的教育，并未唤起世人对情感教育的认识与重视。

先不论情感教育如何养成，单是世人对情绪的认知如洪水猛兽，避之唯恐不及，便可了解在主流教育里，人们对这么重要的议题从未深刻探索。

情绪是个复杂的回路，过去主流认知与情感养成的路径，存有一个矛盾的区间：既要人不要有负面情绪，却又缺乏完整的情绪教育。

一个人承载着诸多情绪，不仅不容易觉知，也不容易应对，漠视、压抑、发泄、依赖、转移、引导……凡此种种方法，只要应对的方式不同，就会产生诸多不同的反应，每一个反应都牵涉各种应对与自我反馈，影响个人生命，也影响事件的发展。

然而关于情绪的教育，不仅未成为一种教育议题，在更细微的情绪反应上，也鲜有人真正提及，并积极正视这些情绪的影响。不只个人的情绪应对，两人以上的情绪应对更复杂，也形成更复杂的应对关系。比如，名叫"蒲草"的人愤怒了，伙伴"蜂鸣"会如何应对呢？"蒲草"有各种表达愤怒的方法，"蜂鸣"也有各种回应与表达愤怒的方法，每一种方法都使对方产生不同反应，形成一个复杂的网络回路。

前面提到人们视情绪如洪水，果真如此的话，人们应该如何应对呢？

《山海经》有一则传说，鲧治理水患，以围堵的方法，水患最终并未解决，反而更为泛滥。最后大禹治水，采取了疏导的方法，解决了水患。

不妨审视一般人面对情绪的方式，其实与鲧治理水患颇为相似，多半使用"围堵"的方式："不要生气！""不要难过了！""不要紧张！""不要有压力！""不要害怕，把台下的人当西瓜！"

这些面对情绪的方式，经过经年累月的印证，多半无效，甚至更形严重。那为何还要一代传一代？何不仿效大禹治水的方法，以疏导情绪为方向，引领情绪成为一种正面的力量？这也符合古人所说："水能载舟，亦能覆舟。"愤怒带来力量，悲伤带来细腻，焦虑与创造伴生，恐惧让人谨慎……这些都是情绪正面的部分，因此情绪有丰富的面貌，能带来各种资源。

压抑孩子的情绪，会让孩子错过学习处理情绪的最佳时机

情绪会影响大脑皮质层的变化，并且有越来越多的证据显示情绪与脑部发展有关联。比如神经科学家达马西奥博士在一系列研究中呈现了人类情绪对大脑变化的影响。一个孩子成长期间，要让孩子更成熟，拥有更良好的脑部发展，就不可轻视、忽略情绪的应对，这正是教养与教育者需要在意之处，我将之视为所有教育的基础。

疏导孩子情绪的方式，落实在策略上并不困难，首先便是梳理自己的情绪，以平稳宁静的语气面对孩子，其次便是共情孩子的情绪。共情孩子的情绪，并不代表认同孩子的行为、观念与期待，而是接纳孩子生命发展的历程中，必然经历的一种过程。

试想，一个人的期待未被满足，但能平静地面对，这样的能力从何而来？除了天生之外，如何从一次又一次生气、难过、失落与悲伤中学习？孩子健康经历情绪的程序，不是被压抑或忽略而来。

接纳孩子的情绪，允许孩子拥有情绪，就是共情孩子情绪的方法。落实到孩子的生活事件当中，在语言的表达中，先帮助孩子意识情绪，再接纳孩子的情绪，将会是更好的路径。

帮助孩子意识情绪，便是以情绪为探索的脉络。询问孩子："我这样说，你会难过吗？""我这样做，你会生气吗？""面临这种状况，你会害怕吗？""你有什么感觉？""说到这儿，你有什么感受？""说到那件事的时候，你心里在想什么？"……各种情绪探索的方式，我称之为

"由感受切入问题"，这些方式将有助于迅速厘清问题的源头。

比如，我有一次到中学演讲，一位初二的女生举手问我："人为什么要读书？"

一般人的回答莫不是以道理、概念、期待回应："不读书你要做什么？""你可以不读书呀！""不读书就没有未来！""读书很棒呀！""人生有更崇高的理想。""读书可以帮你找到好工作！""人生来就有求知的欲望。"……

这些答案，往往不能帮助孩子解惑，因为尚未核对孩子的问题就立即给了意见。这些徒劳无功的方式，却在你我生活周遭充斥着。大人给予答案，往往都是表达观点与期待，但是无法解决问题。因此我常建议大人，拥有更多的耐心，学习如何探索问题，再给予陪伴，并且以信息与规则表达界限。

探索问题的方式，就是本书提出的"运用好奇"，并且"正面"看待问题，开发孩子的资源。较有经验的人，会想要探索孩子的问题，比如："你怎么会这样问呢？""你读书遇到困难吗？""你不想读书吗？"……若是先探索孩子的问题，并且懂得理解孩子对问题的感受，往往能切入问题的核心，协助孩子解决问题。

我问提问的女学生："你问的是一般的阅读，还是学校的课业呢？"女学生回答是后者。我问她："课业是否让你感到压力？"学生立时红了眼眶，并且点点头。

我当时停止了对话，邀请她会后再找我谈。若是细究我们的对话，虽然只是一个寻常的提问，但我先核对了她的问题，其次从她的感受探索。接下来的对话脉络，我会在她如何应对压力，产生什么样新的感受，如何影响她的行为与看法上探索。这样的方式，在本书节录的个案故事以及对话脉络中，应该随处可见。

这个过程，便是"帮助孩子意识情绪，以情绪为探索的脉络，也就意识到了问题的核心"。

具体落实在生活中，接纳孩子情绪的语言，我归纳为："我知道你很……"，对话框中的"……"便是情绪的核对。比如，一个孩子坐在房间哭泣，我看见孩子哭泣了，坐在孩子的对面，询问孩子："怎么啦？"

孩子倘若不说话，只是哭泣而已，我便允许，也先接纳孩子哭泣。

我停顿一小段时间，静静陪伴哭泣的孩子，就是一种接纳的过程。

我可能会询问孩子："你哭了，是因为难过吗？"假设孩子点点头，我通常会在停顿之后，以深刻而稳定的语气，告诉孩子："我知道你很难过。"

只是这么简单的动作，孩子往往会觉得自己被共情了，情感被健康地对待了。

我经常在讲座的场合，示范孩子生气、难过与害怕时，大人该如何应对，而不是压制、忽略与漠视。我常更进一步，示范孩子遇到事情时，如何在对话中，切入感受的脉络，让孩子意识到情绪，引导孩子正视问题的核心。

当大人有意识地引导，孩子的情绪不稳定状况也就相对减少很多，孩子的思维与情感也往往变得深刻多了。我将这样的对话探索，带入阅读讨论以及作文教学之中，借由文本的力量，希望能帮助孩子获得更丰富与深刻的感官经验。

如果孩子很调皮，检视一下自己情绪是否稳定

小桐出生数个月之后，父亲过世了。

小桐母亲难受极了。单亲母亲带着两个孩子，既要维持生计又要教养，很难好好照顾自己的情绪，心中的委屈、难过、苦闷经常奔流

出来。一旦遇到生活不顺遂，年幼的孩子又难免哭闹，母亲便常疾言厉色以对，甚至将心底的委屈一股脑儿宣泄，觉得人生无望且无奈极了。

在教养、教育的道路上，父母、老师的情绪若是不稳定，语气急促而带着怒气，制定过多的规则限制孩子，只是想要教会孩子，常无法改善问题，反而使孩子内在的情绪纷杂，容易形成情绪的黑洞，呈现好动、无法专注的状况。然而情绪的稳定，语气的平稳，不是通过压抑而来，而是通过对自己的接纳与觉知，才能够逐步改变。

过去的年代，父母生养孩子较多，即使严厉也无暇管控，孩子和自然环境的关系较亲近，情绪与感官得以释放。现在家庭生养孩子较少，父母将"正确概念"不断灌输给孩子，对孩子的管控较紧，感官的释放亦少了。尤其孩子专注于计算机游戏，更是让心灵难以安定，好动的状况日渐增多。

我常建议父母，设想自己是四岁的孩子，被急促的语气、压抑的情绪、过多的规则限制应对之后，内心是否也会感到浮躁难安？若是孩子从四岁开始，一直到青春期，不断被纠正、压制、告诫与说教，内在往往长期浮躁不安，想要专注便很难了。

小桐父亲过世之后，母亲要带两个孩子，要静心的确不易。母亲一心期待孩子听话，只是可期待而不可得，因为孩子年纪尚小，如何能理解母亲的忧伤？

小桐过了四岁了，是个腼腆可爱的小男生，母亲却为他头痛不已，理由是小桐调皮好动，不听大人的劝诫与管教。四岁的男孩子，调皮好动的状况应属常见。父母的耐性、应对能力、应对方式，常决定孩子拥有什么样的内在，那也是孩子成长的关键之一，遗憾的是大多数人并不在意。

小桐母亲向我诉苦，小桐调皮极了，她用各种方式都无法使孩子稳定与安静，该怎么做才能让孩子不调皮好动？

四岁的孩子活泼好动，是活力的一种展现，我常建议父母，先接纳孩子的好动，其次调整自己的情绪，专注稳定地与孩子谈话。小桐母亲觉得这个方法太慢了，也怀疑这样能否有效。

小桐四岁的年纪，身体里面有大量的活力，在房里奔来跑去。我唤他的名字，邀请他坐在我前面，小桐只是笑了一下，腼腆地坐在我跟前。

我问小桐："喜欢来这里吗？"

小桐点点头，表示喜欢。

"你喜欢呀！喜欢这里的什么东西呢？"

小桐看看四周，看看一旁的书，眼光落在图画书上。

"小桐喜欢看这里的图画书吗？"

小桐点点头。

"喜欢哪一本呢？"

小桐手指着《怪兽阿抖来了》。

"喜欢这一本吗？"我将这本图画书拿起来，问他喜欢哪些段落。

小桐坐在我面前，用手指着书里的片段，安静地和我分享这本书。小桐此时是一个很听话的孩子，很亲昵地和我看着一本书。如此过了数分钟，我转过头来，看着小桐母亲："不是很安静吗？"

小桐母亲说："他可能跟你不熟啦！一会儿熟了，就不安静了。"

我相信小桐的安静，有一部分是和我不熟，但是这也证明了小桐有安静的资源，并非不能安静下来，重点是我们如何让小桐意识到资源的存在，并且明白界限。我虽然这样思索，但是我很接纳孩子的调皮。

我转过头来，专注地看着小桐："母亲说你很调皮，有吗？"（**Tip1**）

小桐点点头。

"小桐，你很诚实。当伯伯问你有没有调皮，你这么快就回答有呀！"（Tip2）

小桐又露出腼腆的笑，头低下去，又抬了起来。

我核对小桐对调皮的觉知："你是故意调皮的吗？还是不小心的呢？"（Tip3）

小桐停了一秒，才小声地说："我是不小心的。"

我点点头，继续询问他的感受："母亲说你很调皮，你有什么感觉呢？"（Tip4）

小桐看着我，随即低下头来，沉默不语，过了一会儿才将头抬起来。

我意识到小桐年纪还小，可能听不懂"感觉"一词，于是一个一个核对他的感受：（Tip5）

"母亲这样说，你会生气吗？"

小桐摇摇头。

"母亲这样说，你会害怕吗？"

小桐也摇摇头。

"母亲这样说，你会紧张吗？"

小桐轻点一下头，又摇摇头。

"母亲这样说，你会难过吗？"（Tip6）

这回小桐既没点头，也没摇头，再次将头低了下去，我看见两行眼泪缓缓从他脸颊滑落。

我停顿了数秒钟才问："告诉伯伯，你难过什么？"

小桐也停顿了几秒，很小声、很慢地告诉我："我不乖。"

"你不是告诉伯伯，你是不小心的吗？"

小桐点点头。

"告诉伯伯，你想要变乖吗？"

小桐又点点头。

"那伯伯教你的，你会听吗？"

小桐又点点头。

"小桐，谢谢你这么认真，跟伯伯谈这个问题，而且你不是不乖呀，伯伯刚刚和你说话，和你一起读书，你不是都很安静听话吗？"（Tip7）

小桐眼神澄澈地望着我，露出了腼腆的笑脸。

我和小桐谈完，转过头来看母亲："小桐不是很安静吗？"

母亲早已泪流满面。母亲很自责，自己总是情绪激动，不像我如此安稳平静。我跟母亲说："那就学习吧！我们和孩子一样，也需要慢慢学习。请母亲将自己当个孩子一般，先学着接纳与关怀自己！"

心教 Tip

- **Tip1**

  这是针对母亲的话，和孩子核对状况，探索孩子是否和母亲的说法一样。

- **Tip2**

  这是聚焦在正面的部分探索。

- **Tip3**

  这是以选项来询问孩子状况，让孩子容易回答，但是选项也有其危险。

- **Tip4**

  此处切入了感受的问话，是此篇要呈现的重点。

- **Tip5**

  此处也是以选项一个一个核对。

・Tip6

我通常将最有可能的选项放在最后面一个。

・Tip7

这里进行的对话，除了从感受切入之外，都是以好奇的方式，启动正面的资源与意识，在第五章中有详细的说明。

孩子无法进入学习状态，
很可能是因为他害怕

阿楠是个早产儿，学习较同龄的孩子缓慢。他的作文写不出来，母亲送他来写作班，希望对他的作文与表达有些帮助。

孩子来到班上，我对他们会有仔细的观察。阿楠刚来的时候，说话很大声，和同学互动时，眼神会刻意瞄向老师，似乎观察老师有没有注意他，但表情又带着不确定感。这样的状况，通常是没有自信的表现。会让我在和孩子对话时，更注重从各方面的表现去关注孩子的自我价值，并放低对课业的要求。

我要阿楠大胆书写，随便写就好了，帮助他展现能力，建立自信心。（Tip1）

几堂课之后，阿楠比较放得开了，作文也越写越多，篇幅从一行扩展到了半页，从半页扩展到两页。字数增加了，但是文章胡言乱语，不仅和主题完全无关，也看不出要表达什么东西。十分之九的孩子，经过一段时间的课堂训练后，通常都会明显地看出他们的进步。阿楠的作文在字数上增多，但是文意表达凌乱，这样的教学个案对我来说是非常特别的。

十余堂课过去了，阿楠母亲关心孩子的学习状况，我据实以告："阿楠有进步了，从写不出文章，到如今可以写两页多了。"母亲也注意到了阿楠的进步，频频点头道谢。

但是我接着分享阿楠所写的文章，几乎都和主题无关，常常不知所云。那就像是画图，老师要学生画一幅山水画，学生却画出杂乱的线条；老师要学生画静物，学生也画出杂乱的线条，看不出画的是什么。只是绘画有抽象画，但是阿楠的文字比抽象更抽象，也不像意识流的写法。我曾经在未经早期疗育的自闭症孩子中，看过比阿楠更杂乱无意义的文字，但阿楠的状况不一样。

母亲之前不好意思说，听我这样陈述，才放心地对我说："对呀，我也看到了！字数变多了，但是文章乱七八糟，到底是怎么了？该怎么办才好呢？"我也不知道阿楠怎么了，只能告诉母亲，我还需要多一些时间，在更多次的书写中对阿楠进行更多的观察。

阿楠口语的表达没有问题，就算将口语写成文字，顶多只是口语化，不至于文意凌乱不通。我只能更多一些观察，思考不同的介入方式，比如，书写刻意缩短一些，给一段开头提示，或者抄一段文章改编，再看看阿楠的书写情况有无改善。又是几堂课过去了，阿楠的状况依然如此。阿楠某天上课前告诉我，要提早半个小时离开，母亲要带他去看牙医。

我点点头，表示知道了，和他聊一些关于牙齿的话题，并要求阿楠在离开前，要努力写一些文字。阿楠很听话，大力地点头，并且大声地说："好！我知道了！"

提早离开的时间到了，我接过阿楠的作文检查，内容仍是胡言乱语，和主题一点关系都没有。不只文字凌乱，主题未掌握，原本应该空四格的题目，阿楠只空了三格。我请阿楠将题目擦掉，告知他题目上方要空四格。阿楠又卖力地点头，大声地说："哦！好！"他重新交回作文，题目并未空出四格，而是空出两格。

为表达清楚意思，我特别伸出四根指头，数着一、二、三、四，要空四格，并且数着作文里的空格，问他有没有听懂。阿楠又是一阵卖力地点头，声音洪亮地回答我："嗯！懂了！"

阿楠第三次交回来的作文，题目仅空了一格。这是怎么回事呢？我非常好奇，是他听不懂吗？听力有问题吗？还是他会害怕呢？

我认为自己已经表达清楚，还用手指在作文本上一格又一格地数给阿楠看了，怎么会这样呢？一般人在什么情况下会出现类似的问题呢？往往是心不在焉，或者耳朵听不见的状况下，才会如此。因此我判断阿楠此时是心不在焉的情况。那么他为什么会心不在焉呢？心不在焉的状况，通常是思绪纷杂，或者是内在感受凌乱，阿楠心中是否装着满满的恐惧呢？阿楠胆怯的眼神，紧张的神情，似乎都给了我肯定的答案。

若是阿楠的心灵被害怕笼罩，那就什么也听不明白了。一般人体验的害怕，是外在冻结住了，无法有所回应，但是阿楠大力地点头，大声地回应我，也许已经习惯迅速地回应外界了吧？然而，阿楠的恐惧这么大吗？大到我用手指一格一格指着，他都无法明白？

我想探索阿楠内心是否真的被恐惧笼罩。（Tip2）

我深深呼吸一口气，停顿了两秒钟，凝视着阿楠，向他传递一份宁静的力量，缓慢沉稳地询问："你会怕我吗？"（Tip3）

在那一刻，阿楠的眼神瞬间黯淡下来，低下头来摩擦着手掌，很小心地点点头，表示他会害怕。

我停顿了一下，问他只怕我，还是怕所有的老师，因为母亲曾经说，阿楠最喜欢来上作文课。（Tip4）

阿楠头没有抬起来，声如蚊蚋地说："怕所有的老师。"

我点点头，表示他回答得很清楚。我有一点明白了，轻拍着他的肩膀，给他赞许与鼓励，要他赶紧去看牙医。

解救孩子被恐惧攫住的心，就要知道孩子的心何时被攫住

我约了阿楠的母亲，分享我对阿楠的观察与评估。

不专注的孩子，通常会内在情绪纷乱，最常见的情绪是恐惧、浮躁、烦闷、生气、难过、紧张与不安。大部分孩子学习不专注是恐惧引起的，阿楠很可能是这种情况。若是阿楠的内心充满恐惧，他的学习并不会专注，反而容易分心，因为恐惧如乌云在心头盘踞，时时刻刻出来骚扰他。

母亲告诉我，阿楠总是心不在焉，我想是恐惧阻碍了他。

我询问母亲，阿楠其他科目的学习，是否有好的经验呢？（Tip5）

母亲无奈地表示，阿楠的学习状况都不好。

我再次请母亲思索，是否曾经有较好的经验呢？

母亲想起阿楠的游泳课。为了阿楠的健康，医生建议阿楠去学游泳，阿楠刚开始学习时，换气一直学不会，更别提游泳了，无论游泳教练怎么教导，阿楠就是学不来，吃了不少苦头。当时另一位游泳教练在池边教学，看见阿楠的状况，主动表示愿意教导阿楠。

我问："阿楠学会了吗？"

"学会了。阿楠不仅学会换气，还学会游泳了，现在下水能游一千五百米。不过教练不在身边，就没办法游这么长的距离了。"母亲露出了喜悦，分享着阿楠的正面经验。

这是个好教练，也许有经验，也许掌握了教学的技巧。我点点头问："教练应该很有耐心，也很温暖吧？"

母亲分享着教练的耐心，以及教学过程的用心，不过母亲也提到教练很严格。

严格的教练有两种，一种是教学严谨、态度严厉；一种是界限分明、态度从容，给孩子带来安稳宁静，让孩子感受自己的价值。

前者让孩子被恐惧推动，达成眼前的目标，但恐惧深埋内心，以往的体罚、打骂教育便是如此。

一般人执行权威管教，让孩子服从命令，往往都是驱动孩子的恐惧。殊不知在恐惧中成长的人，易在既定轨道中长成，创造力也易受局限，一旦生活的轨道改变，恐惧的影响力就出现了。

令孩子恐惧的教育，可能会为孩子的人生埋下地雷

我写作此书的当下，一位朋友被诈骗集团恐吓，失去辛苦的积蓄。细究歹徒诈骗手法，其逻辑混乱且破绽百出：先伪装电信语音系统，通知当事人欠款未缴，要当事人回拨号码。回拨接通之后，歹徒还帮忙转接反诈骗专线，接通伪装的警官，通知当事人要被起诉。因为名字被盗用，即将被拘传，除非当事人赶紧交出存折、提款卡、密码，并且不得告诉其他人。从电信语音、通知欠费未缴、警官指控，到交出提款卡与密码……这一连串的手法，每一个环节都看似愚蠢无比，但是身为高级知识分子的朋友如何会被欺骗呢？其实翻开报纸社会版，不只我的朋友，甚至公务员、校长、教授也曾被诈骗集团欺骗。细细探究这些受害者，他们多半是被恐惧掌控了心灵，与聪明才智无关。

受骗的他们并非不聪明，而是歹徒掌握了他们的"恐惧"。他们往往是所谓的"乖乖牌"，在教养过程中，大多在服从权威，或者恐吓的情境下成长，内心轻易就被"恐惧"占领。

我在相关文献中看到，神经科学家指出：恐惧会使身体和大脑分

泌皮质醇，应付危险的现状。但是经常处于恐惧中的人们，皮质醇分泌过多，会使得大脑中的海马旁回萎缩，甚至于死亡。

大部分的"乖乖牌"，在受到外界变化、失落、期待未满足等情况的冲击时，更容易陷入焦虑、紧张和深深的恐惧中，这也使得他们遭遇诈骗时，内心顿时陷入了困窘的情绪状态，让诈骗集团得逞。

"乖乖牌"功课好、品行佳、成长过程顺遂，但是也少了探索与尝试的空间，所以在出现意料之外的状况时，会乱了方寸或失去理智。但是那些非"乖乖牌"的学生呢？有时他们功课受挫折，但是创意仍然存在，发展出一套属于他们的生存模式。而更多主流表现不佳的孩子呢？也许会被愤怒、悲伤、无奈的感受填满内心。还有一部分孩子，他们的心被恐惧攫取了，产生出冻结、分心、不安、混乱，甚至歇斯底里的状态，但是大部分教育工作者未觉察这些状态背后的真正关键之处。

古有明训："不经一番寒彻骨，怎得梅花扑鼻香。"我因此思索，21世纪发展太迅速了，这个迥异于过去的时代，能否不经历压迫，不受到恐吓，而能经验寒彻骨的磨炼呢？

我认为教育者要提供分明的界限、清楚而简约的规则，并以安稳的态度，给予耐心和包容，也能让孩子负起责任，让他产生勇气，而不是产生恐惧，这是我期待的教育模式。

阿楠的母亲觉得游泳教练很有耐心，但是也很严厉。具体说来，我也不知道教练是否让阿楠心生恐惧，但是起码阿楠也有能力学好一门技能，这是他的资源。我请母亲归纳教练成功的关键点，思考其中有没有什么资源是值得学习的。

除此之外，我也提醒阿楠母亲，是否在日常生活中，不断地让阿楠内心衍生出巨大的恐惧呢？能否以爱与等待，化去阿楠心中的恐惧？我带领好动孩子的经验，是安定他们的内在，让他们体会更稳定的应对方式，并疏导他们被愤怒、难过、焦虑与浮躁影响的情绪。那么带领阿楠，我也想以安定他内在为方向，但该如何疏导阿楠的恐惧呢？我还要进一步了解他。

孩子害怕时，陪他面对才能疗愈

我将在课堂上写作文的阿楠叫出来，坐在我的对面，我想探索他的恐惧。

阿楠坐下来了，但是坐立难安，他双手不停搓揉着，仿佛内心充满焦虑。我只是安静专注地看着他，阿楠的眼神不安地看着地下，不断地瞄向我与母亲。（**Tip6**）

我让阿楠眼睛看着我，但是他没办法注视我，一秒也做不到，于是畏缩地低下头。我有种错觉，阿楠的瞳孔在瞥向我的那一刻，缩得好小好小，如一只受虐的小动物，缩在一个阴暗的角落。

我以双手接触阿楠的手，希望能缓和一下他的焦虑。一开始，我感觉他的身体紧绷。渐渐地他双手放下来了，不再交缠紧握，但是他的右手开始掰着下巴，一次又一次地用力往下掰着，那是一个特殊的动作，也是我从来没看过的动作。伴随着这个动作，阿楠身体微微颤抖，眼睛蓄满了泪水，我知道他正经历内在的恐惧。以往恐惧潜藏在体内，却无法真正地和恐惧联结，只是被恐惧影响。很多人为了逃避恐惧，创造了大量的语言、行为与道理，只是避免自己经历恐惧，却无法摆脱这感觉。

母亲曾经跟我分享，当阿楠出生时她的身心受到的煎熬。她对阿楠的期待很高，但是阿楠各方面表现都不尽如人意，有时候一心急便对他吼叫……一般孩子受到吼叫、愤怒的指责，衍生出的情绪多是愤怒、难过、恐惧。

然而，阿楠的学习并未改善，心中却充满大量恐惧。阿楠的内心非常敏感，学习又很缓慢，在被要求的过程中，将恐惧掩藏在内在，只是学会快速当一个听话的孩子，但他几乎达不到外界的期待。

阿楠此刻坐在我们跟前，我并未想要改变阿楠，也知道要让人的内在无恐惧，需要更多的耐心与爱。我仅仅只是想了解阿楠有多恐惧。

当我宁静地面对他，阿楠内在的恐惧卸下了伪装，他不需要以任何动作掩藏恐惧，也无处掩藏了，他内在经历的恐惧瞬间流淌。我没有任何进一步的想法，只是想探索阿楠的恐惧，还有打算让阿楠体验恐惧，也体验我们带给他的安定、宁静与温暖。因为阿楠已经逃避这个恐惧太久了，但他从来逃不出恐惧的掌心。

阿楠母亲早已经泪流满面，她看着阿楠颤抖的身躯，心疼孩子心灵里面充满恐惧，心疼孩子内心的伤，但不知道该怎么办。

一段时间之后，我让阿楠深呼吸，但是我说了几次，阿楠并没有深呼吸。

我问他，听得懂"深呼吸"吗？（**Tip7**）

阿楠摇摇头，表示听不懂深呼吸。

这回换我深深地吸了一口气，他如果听不懂深呼吸，那他怎么听得懂课堂的内容？怎么听得懂要空几格？恐惧的力量很强大，一般人是遇到特殊事件时会感到恐惧，阿楠则仿佛时时为恐惧所包围。以往恐惧占领他的心灵，现在恐惧浮上来了，我让阿楠继续经历恐惧，我想改变他应对恐惧的惯性反应，并且在经历恐惧之后，能体验被人陪伴的温暖，让思维在恐惧中仍能运作。因此我只是在一旁宁静陪伴，给予他温暖的感受。

我不知道阿楠心灵的体验，但我感觉他逐渐放松一些了，虽然身体仍然颤抖。

接连两周写作课，我都让阿楠到一旁的教室，学习经历恐惧，也

学习深呼吸，阿楠的恐惧反应渐渐小了。（**Tip8**）

最让我惊奇的是他写的作文有一点逻辑了，也能够针对主题进行写作。虽然他的作文仍然乏善可陈，并且离一般人的目标甚远，但是看得出他的进步了。

我带领阿楠两年了，阿楠作文上的进步很缓慢，但是看得出一点长进，我便觉得欣喜。阿楠的母亲也有很多的改变，能看见阿楠的正面资源，也试着将过去对课业的期待，更改为对阿楠更多的肯定与爱。她带着阿楠爬山。这两年的时间，有一位在大学任教的教授，展现巨大的耐心带着阿楠去登山，也帮助母亲稳定心灵。而阿楠的父亲也放下繁忙的工作，给予阿楠更多关注，这些都是让阿楠转变的关键。母亲带着阿楠做手工劳作，说话的语气也不像过去那样着急，越来越缓慢稳定。我深知阿楠母亲的改变，才是让阿楠进步的重要因素。

心教 Tip

· Tip1

我常让刚来写作班的孩子写三次"烂作文",这是在"接纳"的层次,让孩子大胆书写。再从文字中,以"正面好奇",找到他们的资源。

· Tip2

我感觉阿楠应有恐惧,因此想要探索与核对,这是我在教育过程中,列为顺序的几个步骤:观察、探索、核对与陪伴。

· Tip3

调整自己的肢体姿态,调整自己的语气,让自己更为专注平静,是我和孩子对话的基础。

· Tip4

我脑海里面有诸多信息,因此会将得到的信息一一核对。

· Tip5

探索阿楠的正面经验，聚焦在正面资源，期望看见阿楠更多的可能。

· Tip6

当有意识地让自己的内外在都安静下来，就很容易让身边的人也变得安静。一旦安静下来，很多情绪便无法掩藏。

· Tip7

此处也是在探索，观察了现象并进行核对。

· Tip8

正如同人经历愤怒，愤怒就渐渐缩小；经历难过，难过就有了宣泄之道，这是一样的道理。

孩子说害怕的时候，比起要他们勇敢，家长更应该做的事

　　人的内在常隐藏着恐惧，有些恐惧平常不扰人，只有特定时刻才出现；有些恐惧则时时干扰人，在生活上处处限制人。在别人看来，有些恐惧也许微不足道，但心怀恐惧的人却极为痛苦。

　　人们面对恐惧，会通过各种方式应对，比如自我暗示、逃避、忽略，甚至也有暴力……恐惧是人类心灵里最深的感受，是很多感受的源头，但人们应对他人的恐惧，大部分要求他人克服恐惧，或者不在乎他人的恐惧，忽略了恐惧带来的影响。开展一些活动，如冒险、旅行、漂流等可以通过身体的体验，释放心灵的恐惧，这是我帮助青少年面对恐惧的最佳方式。但一般小小的恐惧呢？比如，不敢去演讲，不敢上舞台，不敢说话，不敢写作文，这些小小的恐惧，说来微小，但是影响也很巨大，并且很难彻底解决，因为有些恐惧有其根源。

　　小萝的恐惧让我印象深刻，但我要表达的，不是如何消除孩子的恐惧，而是如何陪伴与接纳孩子。这里的探索显得较为复杂，但是有

兴趣的人，仍旧可以看见一个问话的脉络，了解如何探索一个恐惧的议题。

小萝惧怕鸟类到了令人匪夷所思的地步，不仅不敢亲近、观看任何鸟类，甚至鸟类画片、图画与影集都不敢观看。小萝接受我的建议，几经挣扎之后，决定尝试探索对鸟的恐惧。我邀请小萝对鸟类进行冥想，去体验那个恐惧的感觉。

小萝在冥想过程中，脸上出现明显的恐惧、嫌恶与痛苦，身体不由自主地颤抖。小萝告诉我，一只腐烂且布满蛆的死鸟，很鲜明地出现在她的脑海中。

我很好奇小萝是从小就怕鸟，还是从什么时候开始怕鸟呢？因为她不是扭捏的女孩，很喜欢亲近大自然，敢伸手抓蚯蚓，野地里的昆虫、爬虫、小动物她都不怕，怎么会唯独惧怕鸟类呢？

小萝的表情有点复杂，回忆过往的种种，她突然眉头皱紧，又突然间松开了，她想起自己幼年观看鸟类的体验，似乎在小学二年级之前还不畏惧鸟类。

在她身上发生过什么事呢？她是否被鸟攻击过？或者观看过鸟类的影片而心生恐惧，比如美国导演希区柯克的《鸟》？

她自己也感到好奇，小时候并不恐惧鸟类呀，到底发生过什么事呢，如今这么恐惧鸟？

小萝说到这儿，突然一个鲜明的回忆进入了脑海，她看到一个图像：

小学二年级的时候，全班到附近风景区郊游，她很清楚地记得，那天阳光明媚，她和班上同学在回家的路上，看到一只死去的小鸟，那是一只死亡甚久的麻雀。小萝清楚地描述这只麻雀：皮肉都几乎腐蚀殆尽，只剩下枯干的麻雀躯体骨架，但可以分明看出是只麻雀，身体布满白色的蛆。

我试着从这个画面探索小萝过去的感觉：当时看到小鸟的感觉是什么呢？

小萝闭着眼睛，努力回忆过去的画面，仿佛回到小学二年级的时光，缓缓地叙说："看见麻雀布满蛆的骸骨时，并不感到害怕。"

那是什么感觉呢？小萝停顿了一阵子，仿佛重新经历那个场景，体验那份感觉，她说自己看到那个画面时，心中感觉到孤单。

我很好奇，看到一只死鸟，怎么会感到孤单呢？是联想到死亡，还是想到小鸟的孤单？是联想到自己的孤单，还是谁的孤单？

小萝摇摇头，表示并不知道这个孤单是怎么发生的。

我发现小萝的表情复杂，其中闪过一丝难过。我重新探索小萝的感受，我让她试着聚焦内在，感受那一份难过，重新去体验这份难过。

小萝的眼泪逐渐涌现，但她并不知道自己在难过什么。

我告诉她不需要知道，先去感受这一切。我以沉稳的语气，复述她告知我的画面：二年级的小萝，和班上同学郊游，阳光明媚，突然看见路边一只死去的鸟儿。这时候小萝感到孤单，也感到难过。我请她深呼吸，深深体会这份感觉，和这样的感觉同在。

此刻小萝的眼泪如泉水涌出，某些经历过的画面，似乎更清楚地浮现出来。小萝告诉我，她小时候无法融入人群，经常感到孤单。

这种孤单的感觉，在记忆中最鲜明的时刻，是爸妈骑车出门的时刻。那时家中的铁卷门拉下来了，四周被阴影笼罩，那份孤单的感觉便袭上心头。

小萝的感觉颇为复杂。她的孤单不是因为父母离开家，因为她在这份孤单之中感到喜悦，那种孤单的感觉，包含着一份自由。因为家庭长久处于纷争之中，令她感到沮丧与无奈，一旦父母出门了，铁门拉下来的那一刻，意味着她可以远离家庭的纷争，拥有属于自己的空间，不再受人干扰。她喜欢这份孤单，给了她一段舒适自在的时光。

我继续探索这份孤单所包含的复杂感受，孤单是否带给她一份舒适的同时，也带给她难过的感觉？

小萝点点头，眼泪大量滑落。

小萝的孤单之中，那份难过的感觉怎么来的呢？

小萝摇摇头，表示她并不知道。

我建议她更专注在当下，去感知这份难过，和内心的难过相处。小萝闭起眼睛，我看见她的颤抖，以及滑落的眼泪。我试着询问她身体有什么感觉。

她感受到颈部僵硬。

我再次让她尝试将意识聚焦于僵硬的颈部，看是否能觉察更细微的感受。

小萝突然语气坚定、缓缓地告诉我，她觉察身体深处有无奈与愤怒。那样的感觉从何而来？

小萝越来越清晰地诉说着。她很渴望家人彼此之间的爱，但是她很无奈地感觉到深深的无望。在她童年乃至青少年时期，家庭里面不断有纷争，而且她也被迫卷入家庭的纷争。家人争执时，不断要她选边站，却无法与她联结爱的情感。所以，她只能依靠孤独，在孤独之中，她感受远离纷争的自在。但伴随孤单而来的，还有一股愤怒的感受。她对家庭的纷争感到无比的愤怒，她愤怒父亲、母亲、奶奶不断争执，愤怒他们为何不能和谐相处。

讲到此处，小萝的眼泪仍然不断滑落，我建议她不要抗拒愤怒，将愤怒的语言表达出来。小萝将压抑在心中的愤怒不断地诉说出来……她说这份孤单一直延续到上学，让她与人群格格不入，她虽然感受到孤单的自在，却也发现孤单的疏离感。我和她讨论孤单带给她的感受，她是否可以有所选择？

小萝沉静了一段时间，她深沉缓慢地说了她的觉察："我想起来了，其实是我自己选择要怕鸟的。"这是一个奇特的答案，感受竟也能选择而来？那表示小萝可以"自由"地选择要害怕鸟，或者不害怕鸟？这是怎么回事呢？

小萝悠悠地说："我是一个特别的女孩，不像一般的女孩子对小事物会大惊小怪，也不会害怕一般女孩认为恶心的东西，比如虫子、肮脏的东西，还有我会玩女孩不玩的游戏。这让我觉得自己跟别人不一样，也没有办法跟同学的感情共鸣，感到疏离又孤单。风和日丽的郊游日，我记得同学们一起走路回家，当时我们发现路上死了一只麻雀，上面布满白色的蛆。同行的女同学露出惊恐的神情，夸张地嚷着：'好可怕啊！''好恶心！''好恐怖！'……在那一瞬间，我脑海里面突然有了一个决定，我决定和她们站在同一边，我决定'害怕'小鸟，那让我不会那么疏离又孤单。我和她们一样嚷着'好可怕啊！''好恶心！'，我想起来了，我是自己决定要害怕鸟的。一直到了现在，我只记得自己决定要怕鸟，但是我忘记了自己原本不怕鸟……"

探索小萝恐惧的过程，我发现人是自由的，能够决定自己是否要恐惧，并且影响深远。我知道很多孩子也害怕鸟，原因各有不同，若是一味要求他们勇敢，指责他们这有什么好怕的，反而会使他们感觉自己很糟糕，不仅没有解决问题，反而使孩子更无法接纳自己了。

和小萝的谈话是一趟特别的旅程。对她而言是一个全新的开始，她可以再次决定要不要害怕鸟；对我而言是一个新的发现，发现了人的感受可以如此敏锐与丰富，也可以联结着潜意识的行为，让我对人有更深的了解。

第 **4** 章

孩子没自信，家长要多认可孩子的体验

情感教育第二步：联结渴望，激发孩子成长内驱力

　　我是一名作文教师，也是一名文学教师，在引导孩子书写、阅读时，与孩子互动时常将目标设定为：让孩子感受到自由、意义、爱、价值、被接纳。

　　孩子在发言时，我期望孩子自由发言，展现出他们的创造力，为自己负责任；在学习的过程中，明白身为学习者的意义；在文本中体验生命，以次级感官经验，打开不足的现实感官，感受自己值得被爱，也拥有能力去爱人；在书写时，看见自己的价值，也能够看见他人或事物的价值；面对自己或他人的不完美，能接纳自己，也能接纳他人。

　　当我与人对话，尤其是和学生对话时，我更期望他们通过谈话，体验这些感受，因此我会将其视为谈话的核心目标。自由、意义、爱、价值、被接纳，和人的"期待"有所区别，萨提亚女士归纳为人的"渴望"层次，即人存活必需的要素，如同人需要水、空气、养分，才能存活于世界一样。

我已经鼓励、赞美孩子了，为什么他仍觉得自己没价值呢？

我在萨提亚模式的课堂笔记上，记录着约翰·贝曼博士的教导："一个人联结了渴望，就跨越了行为问题。"联结渴望的意思，是让人能体验自由、意义感、爱的感觉、价值感、被接纳。事实上，一般人在教育中也期望孩子达成这几个目标，比如夸赞孩子："你好棒呀！""你好厉害啊！""你表现得很好了啊！"……凡此类的语言，都在告诉孩子他是有价值的。但是很多人说，我都已经鼓励孩子、赞美孩子了，为什么他仍觉得自己没价值呢？

我的理解是，若上述语言被当成一种策略，一种技巧性的应对，并非真心地欣赏孩子，孩子就无法体验自己的价值，也就没有联结孩子的渴望。问题的关键是，大人必须真诚，且让孩子的心灵有所"感受"：体验到自己有价值、有意义、被接纳、能获得自由与爱……

所谓的体验，并不是头脑的认知，而是一种心灵的感受。比如，在照片上看到美食、美景、花朵、指挥家指挥交响乐，我们通过介绍，让孩子知道那是美好的食物、美丽的景色、芬芳的花朵、曼妙的音乐……但是这些都是头脑的认知。若是未曾拥有这样的体验，只是头脑的认知，这与心里拥有体验感，两者状况非常不同。

若是亲口品尝食物，滋味会在舌间扩散，内心易产生丰富细腻的感受；若是亲临美景现场，无论是壮阔还是秀美，都易为身心带来感受上的变化；若是亲近一朵花，闻它的香味，内心易体会到幽微的曼妙感；若是听见音乐，受到感动，易使灵魂为之震颤。

在教育的领域，头脑认知带来的改变虽然是重要的步骤，却远远不如心灵体验更强烈。体验人内在的渴望，往往是人改变的关键，也是行为转变的密码。因此教育工作者，无论是父母、教师、志愿者或心理咨询师，若能在课堂教学、日常对话、活动设计中让人拥有体验性，孩子的成长将更深刻，改变也更巨大。

有效地解决孩子的行为问题，
发生在联结其渴望之后

约翰·贝曼博士说："一个人联结了渴望，就跨越了行为问题。"

这句话让我想起了教育中的"问题学生"突然醒悟的场景：调皮捣蛋的学生，很可能因为担纲某次演出，转变了平常调皮的行为，因为上台演出体会自己是"有价值的"；一个屡次犯错的学生，遇见真正接纳他的老师，很可能因此改变了，因为内心体会了"被接纳"的感觉。

近年心理学家的研究指出，对自己慈悲的人，较容易得到力量，对自己慈悲便是对自我的接纳。比如，当父母体验了"爱"，也就愿意为孩子付出，甚至愿意奋不顾身地进入火场救孩子。

在孩子身上也会有同样的体现。当孩子体验了自由，就愿意为自己负责任了，这是自律形成的重要因素；当孩子真正体验"爱"，也就愿意彻底改变了。但是现今的教育，关于自律的养成，多半仍是利用强制、讨好、交换或者恐吓等负面情绪，养成孩子的纪律，这样容易让孩子在失落、受挫折、焦虑时，逐渐意志溃散；关于爱的教育，多半是让孩子"知道"爱，或者因爱而心生愧疚，而不是体验爱。

约翰博士的教导为我在教育领域、人际关系与职场工作中，提供了一盏明灯，让我有了明确的方向。细细思索这句话，对我有很多启发。

有人问我，一个抽烟的人，会因为联结渴望而决定戒烟吗？我的答案多半是肯定的。一个抽烟的人，在认知上了解身体的价值，但是并未体验那份价值感，那意味着没有"联结"渴望，并不会产生戒烟的行为。

当一个人罹患肺癌，看到健康检查报告当下，可能感到身体的重要，也就体验了身体的价值，因而选择戒烟了。当一个抽烟的人恋爱了，因为另一半不喜欢烟味，可能决定戒烟，因为体验了爱。当一个抽烟的人要当父母了，常是戒烟念头最强烈的时刻，因为孩子的诞生，让父母体验爱的联结。

关于抽烟这件事，我邻居阿亮的戒烟历程让我印象深刻。阿亮是我从小到大的邻居，具有责任感，做事积极努力。他从年轻时就开始抽烟，却在婚后戒烟了，我猜他那时体验了孩子将要诞生的爱。

十多年后的一个夜晚，我开车进巷弄，看见阑珊的路灯下，有点点星火明暗不定，到了近处才发现，阿亮重新抽烟了。我好奇他怎么戒断烟瘾十多年，又重拾抽烟的习惯？他表示有时候会觉得烦躁、焦虑与不安，所以才又抽烟了。

阿亮借助抽烟让自己放松，是因为他不知道如何应对自己的情绪，这其实是大部分人都会遇到的问题。就如同本书上一章所写，人如何觉知、应对自己的感受，教育现场从未教导我们，这些被忽略的情绪，暗地里主宰着人的行为。

不只是抽烟，其他如饮酒、不停地打电动、滑手机、看电视等行为，多半源于内在的浮躁、焦虑、不安、无奈等感受，当事人并未妥善应对，因而转移至对外物的依赖。若要解开这个循环，必须让当事人意识到问题。教育者要从感受切入，并且懂得在对话中创造对方"渴望"的联结，问题就有希望得到解决。

所谓的"渴望"，可以视为一个人的生命能量，当人拥有了深刻的体验，就知道自己真正是谁。人都渴望有价值，渴望自由、渴望爱……当人拥有了自由，实现了自我价值，被爱所感动时，就体验到了生命能量，体验到人的存在。

但是人的矛盾在于，人们的感受并未被真正重视，这些感受是通往渴望的路径之一。

其次，这样的体验性常会有冲突：当我体验到自由，我却在抗争；我体验到了爱，却不敢去爱；我体验到喜悦，却充满害怕……因为人的成长过程中，充满着受伤的经验，并未被妥善地对待。当我们知道这样的情况，在孩子的成长过程中，何不用更能体验"渴望"的方式，让受教育的孩子体验到自身的生命能量，让孩子成为更完整的人呢？

讲道理之前共情孩子的感受，道理更能走进孩子的心

1960 年左右，有一个著名的心理实验，可说明人在成长过程中，对温暖、爱的情感需求能否被满足，会形成孩子后天性格的差异。

美国威斯康星大学灵长类研究所所长哈洛，以猴子做了一个实验：

将一只刚出生的小猴子，放入铁笼子里，脱离它的母亲，以两个"代理母亲"取代。代理母亲只是提供奶水，并不具有真实可感受的爱。

一个代理母亲是以金属丝条制作而成，胸前安装奶瓶。另一个代理母亲是布偶，用模仿猴子肤质的软布制作，但身上并不安放奶瓶。小猴子会依偎哪一只代理母亲呢？

俗语说："有奶便是娘。"但出乎意料的是，根据哈洛的科学实验，小猴子只有吃奶的时候，才靠近金属猴子，其他时间都依偎着布偶猴子。尤其是小猴子受到惊吓或感到不安的时候，会立刻抱紧布偶猴子，紧紧地搂着它。若奶瓶安装在布偶猴子身上，小猴子就不再接近金属猴子了。

哈洛做了各种不同的实验对照。

当科学家在铁笼中放入一个自动玩具，跟着布偶猴子成长的小猴子瞬间吓着了，马上逃到布偶猴子身上，紧紧抱住布偶猴子。过了一段时间，小猴子会观察自动玩具，并且慢慢离开布偶猴子，和自动玩具接触，最后玩起了自动玩具。

跟着金属猴子成长的小猴子反应竟然大不相同。小猴子一看到自动玩具，瞬间缩着身子躲在笼子的角落，并不会去抱金属母亲，也自始至终都不碰自动玩具。

关怀与爱给予了小猴子探索的勇气。相对地，缺乏情感的联结，小猴子便显得退缩，不敢尝试与探索，甚至显得极为疏离。这和教育家常呼吁的"要给孩子爱，孩子才能成长"相呼应。

这个实验揭露了一个意义：小猴子的成长，重要的并不只有填饱肚子，还有是否感到温暖，是否有安全感，是否感受到被爱。从皮肤的触觉，到内心感受到的温度，乃至于心灵对"爱"的接触与认识，是丰富而多元的感受组合。

哈洛在实验中还发现，无论是金属猴子代理母亲，还是布偶猴子代理母亲养育的小猴子，即使得到很好的照顾，生病和死亡率都比由母猴哺育养大的小猴子高。而且它们"带"大的小猴子不容易合群，个性疏离且情绪起伏不定。

尤其是跟着金属母亲的小猴子，长大之后缺乏协调性，极端胆小畏缩，并具有强烈的攻击性。

这个众所皆知的实验，被心理学家、社会学家、家庭研究者、人类学家归纳出各种关于拥抱、爱与关怀的重要性的结论。也有其他的研究指出温暖、包容、具有爱的环境，能减缓孩子多动的状况。

哈洛为期三年的实验，证明了"情感"为生物成长的关键，不仅灵长类如此，我认为动物也是如此。收养过流浪狗的人都知道，悲惨的流浪生涯易使狗的性情不稳定。我甚至认为万物都可能如此，比如有人实验对农作物播放音乐，农作物的生长情形较好；对植物好言好语，植物生长更为健康；对水温柔说好话，水分子便柔和美丽；甚至有人实验，为无生命的车子、桌子、房子、杯子、计算机等取名，器物使用更永久。我视情感联结为关键，是通往心灵的一道电流，是生命力联结的信息，是万物存有的秘密，也是真善美的解答。

真善美不仅是个概念，更需要体验性。

我试着将人对"情感"的接收，放入生活的脉络里讨论，化约成一个简单的条件。在孩子成长过程中，父母、教师与其他教育工作者，和孩子之间的应对是创造出内心情感联结的条件，若是具有关键性的影响，是否可以作为教育工作中主要的脉络？从人的感受：愤怒、难过、害怕、紧张、高兴、快乐……一直到人内在深层感受的价值、意义、自由、接纳与爱，去启动人内在最重要的生命力，呵护与养成人的生命能量。

人的成长过程，从诞生走向独立的时间，要比其他生物来得长，孩子成长的变量也更为巨大。无论是人类或猴子，给予孩子关爱，应该是出于天性。但是父母在漫长的养育过程中，是否能给予孩子完整的爱，让孩子感受安全与温暖呢？又如何看待与应对孩子的情感，让孩子得以健康完整的成长？

父母不妨思索：在孩子独立之前，父母的教养模式，是否在某些时刻会如金属母亲一般冰冷？或者有如布偶母亲，只是怀抱孩子，但是心灵不一定和孩子同在？

人是复杂的动物，情感的表达细腻而丰富，父母释放的信息，对孩子人格影响堪称巨大。因此从诸多心理学案例中，可以看见人因为童年的小事件，心理受到深深的伤害，甚至留下巨大阴影，从而影响往后的人生。

除了那些不经意的事件，我好奇的是父母在行为、语言、语气上对孩子成长有何影响？这些都是通往"渴望"或阻碍"渴望"的路径。设想一个身在襁褓之中，三四个月大的婴儿，顺着本能哭泣的时刻，母亲不耐烦地对着婴儿说："好了！不要哭了！我是没给你喝奶吗？""真是烦死了！这孩子太会哭闹了！""就让你哭死好了！"

就算不说这些话，一个浮躁的父母，言谈或行动中流露了不耐烦、悲伤与愤怒，孩子接收了这些非语言信息，是否也会被影响呢？绝大部分的父母，不会对襁褓中的婴儿如此不耐烦。但是当孩子成长至两岁呢？当孩子开始探索世界，诸多概念还没有形成，父母在管教子女时，会不会在落实规则、教导观念与说话语气上，让孩子产生更复杂的心理感受呢？比如，幼儿的道德感尚未建立，拿了别人的东西，父母对着孩子说："那是别人的东西，你怎么都听不懂？""你再拿别人的东西，我就不理你了。""你怎么这么坏呀！说都说不听！""你这孩子怎么搞的，不是自己的东西也拿。""赶快还人家！等一下哥哥生气了！"……甚至吼叫着制止，居高临下地斥责孩子，或者不断地讲道理，转身不理孩子……

我经常看见父母以这种方式应对两岁至六岁的孩子。设想在这种情况下成长的孩子，即使听从父母的话，心灵里会出现什么样的状况呢？会如何应对这个世界呢？我认为孩子也会不安，心灵也会拥有复杂的情感信息。仿佛小孩感觉身边的母亲，如一个混杂着布偶形象、金属形象，同时又时而给予自己母爱的复杂形象。过多情绪起落混合的信息影响着孩子的成长，孩子情绪是否也容易有不稳定、不专注，甚至疏离的情况呢？

当孩子逐渐成长，到了上学的年龄，甚至到了青少年时期，父母如此的应对方式更常见。因此很多家庭来晤谈时，列举孩子的状况：懦弱、易怒、情绪不一致、情绪暴躁、浮躁不定、无法专注、抑郁症、沉迷网络或计算机、偏差行为，甚至不语……检视家庭的应对模式，无可避免地在某种惯性模式下循环，若是父母有所觉察，并能改变家庭应对模式，以坦诚开放的心灵应对，坚定立场的同时，也能照顾孩子的感受，这些状况往往都有所改善。

有的家长会疑惑，不和孩子讲道理，孩子怎么能懂事呢？但是只讲道理，而忽略了孩童情感的发展，孩子的成长也可能受阻碍。为什么如此呢？我们不妨思索思考回路的形成是如何发展成熟的。一个不断焦虑的人，思考回路容易在脑中打结；一个处在不安、恐惧、难过、愤怒中的人，思考必然受到影响。因此思考是重要的，主宰思考的情绪却被人忽略了。教育者应思索如何在生活中启发孩子。我的路径并非单纯讲道理，而是从感官的路径进入，照顾孩子的感受，进而帮助孩子联结内心的渴望。

接受情感教育的孩子，心理上会更少地出问题

2014 年台湾相当不平静，社会上发生了多起恶性事件，犯案者都是高知识分子，家庭表面看似正常。因此有人不禁探讨，孩子是怎么被教养出来的呢？但是探讨这个问题，对当事人父母太过残忍，任何评论都显得不公允。

我认为这不只是单一家庭的问题，而是社会性的问题。在当今现代化的社会里，情感的联结与表达都出现了很大的问题。如今的教育

模式以功利、成绩为导向，过于短视，尤其过分强调理性的养成，养成方式上又以观念灌输为主。所谓的心理或情感教育，往往只是聊备一格的概念，比如校园推行的品格教育、生命教育，有时流于口头的倡导，一旦真正落实，就欠缺完整且合适的落实方法，令人困惑不知该如何具体实行。

发生这些遗憾的事件，令人摇头叹息，但比例上毕竟属于少数，也缺乏系统化的研究探索，难以令众人重视心理的教育，重视由情感出发的教育议题。尤其在恶性事件发生之后，我常听见人们说："那只是特例！"殊不知我在半年之内，听三个青少年表示他们将来也可能变成恶性事件的主角。这些潜在的问题或未发生的暴力，也许只是以另一种形式在社会发生。

且看报纸杂志的社会案件，有关机构统计的社会问题数不胜数，日常生活中也常见这些情感问题。比如，家父曾经以怜悯的口吻向我诉说老朋友的境遇。

陈伯伯是退休中将，陈伯母是退休教师，两人皆八十几岁了，养育了三个子女。三个子女都就读台北医学大学。老大在大二那一年精神分裂，从此足不出户，老二与老三都远在美国行医，经年累月无法回家，电话也少有联络。陈伯伯感叹，这一辈子对人生的目的、对养儿育女感到困惑。

住在南部的于伯伯是大学教授，育有两个子女。老二几乎不返家了，老大则在北部当兽医，一年回家一两次。有时过年老大家举家出游，于伯伯只好等待来年的相聚。偶尔在电话中父子闲聊，儿子常抱怨于伯伯太啰唆，于伯伯有时想打电话给儿子，却常看着话筒摇头，或是拿起了话筒又放下来。

当牙医的苏伯伯亦然，他已经罹患阿尔茨海默病，陪在身边的是与他不断争执的老伴。三个拥有高学历的子女，却鲜少回来探望。

我并非认为孩子需要陪伴在父母身边，而是人和人之间是要联结的，情感的交流是要通畅的，如何才能够在孩子的智力教育和情感教育上取得平衡，是值得我们深思的问题。若人们只是一味地养成高成就的孩子，但是在孩子内心的联结上，都是疏离、陌生、愤怒、受伤与无奈的，不知如何亲近身边的人，这不是我所谓的理想教育的解答，我想也应非大部分父母的解答。

主流教育中忽略情感养成，内心往往填满了负面情绪，只是借由理性来管控言行，殊不知负面情绪仍旧影响了人们的生活。亲友间情感的疏离、冷漠、暴躁、纷扰等都不断在我们日常生活中上演，比如父亲的朋友的境遇。如果社会上因情感教育的缺失发生了恶性事件，这就是最令人心痛的结果。

因此，在互动模式中，从情感管道切入沟通，让对话的人体验渴望——价值感、意义感、自由感、接纳与爱。如果让孩子在这样的条件中成长，我认为孩子也会取得更高的成就，因为一个体验到自身价值的孩子，怎么会不想突破挫折呢？一个体验到爱的孩子，怎么会轻易被击垮呢？一个真正体验到自由的孩子，怎么会不想负责任呢？一个懂得接纳的孩子，怎么会不给自己力量与勇气呢？

帮孩子联结渴望之前，联结自己的渴望

人想一直进行深层的感官体验并非一件容易的事，因此必须不断探索与练习，才能让自己经常体验，让自己拥有宁静的生命力，也在言行之中让孩子有所体验。

当一个孩子未满足父母的期待，不去上学、不写功课、偷懒怠惰……父母仍能看见孩子的价值吗？仍能给予接纳吗？仍能给予爱吗？仍让孩子拥有自由吗？仍然感到有意义吗？在此之前，父母如何意识

自己的焦虑、担心、难过与愤怒，并且懂得处理这些情绪呢？

我举一个自身的例子，说明人们联结渴望的藩篱，经常存在于你我的日常。

1987 年，台湾开放大陆探亲，家父时年六十五岁，带着我妹妹回到他的故乡。父亲赴陕西与山东两地，看他弟弟与妹妹，还有多年未谋面的儿子——我同父异母的大哥。我大哥四岁时便失去母亲，五岁时也等同失去父亲，因为父亲辗转流亡到台湾。大哥从小被祖父带大，但祖父曾入狱十八年，他成长期间常年独自流浪。

父亲结束一个月的探亲行程，即将从西安搭机返台。记忆中从未谋面的父亲要离开，大哥心里的感受应该五味杂陈吧。他相当有心地千里迢迢赶来送行，一路从山东搭火车蹲到西安。大哥是一个穷困的老农民，远从山东扛着大麻袋，里面装着满满的花生。那是刚刚收成的庄稼，大哥想孝敬远道而来的父亲，尽一个儿子的孝道，那应该是朴实的老农民最深挚的诚意。

大哥说："爹，这是刚收成的花生，您带回台湾给弟妹们吃。"

不只大哥如此，还有我白发苍苍的四姑，远从十余小时车程的乡下来，胳膊下夹两颗西瓜，还带着自己种的庄稼，自己织的布，请父亲带回台湾。我大哥和四姑家极为穷困，总要劳动到天黑了，才能回家吃饭，吃饭时连烛火都没有。妹妹回忆那次行程，在姑姑与大哥家吃饭，吃到飞进碗里的蚊子、虫子，是很平常的事；晚上睡觉都是臭虫；生活中没有水，也没有电。父亲看见他们送来礼物，没有丝毫欢喜，反而勃然大怒，痛骂姑姑与大哥数个小时，指责两人怎么这么不懂事，农产品又不能带回台湾。其实父亲是心疼他们，但是父亲并未表达他的感受。

据当时在现场的妹妹描述，那真是个难堪的场面，只要姑姑与大哥一辩解，父亲的怒气便不打一处来。一场艰辛但理应温馨感人的送行，却成了艰辛且令人懊恼的酷刑。姑姑与大哥展现的行为，在渴望的层次是：爱、价值、意义。转换成可理解的语言，应是：想对父亲与台湾的亲人展现爱，展现自己的价值，展现当妹妹与儿子的意义。但是父亲内在也有自己的渴望：爱、价值、意义。

父亲看见姑姑与大哥的辛苦，当年离家的愧疚便涌上心头，他惯性应对的生存姿态是指责与说理，行为模式和惯性瞬间连接了。父亲没去体验他们深藏的爱，因为深埋的愧疚感、对自己潜藏的愤怒、心灵里深深的悲伤，使他觉得自己无法给他们爱，并且瞬间发展成对他人的愤怒。父亲没有看见他们的价值，只看见他们如此劳顿，也贬抑了父亲自己的价值；父亲没看重他们此行的意义，只将无用的结果视为无意义，也贬低了父亲此行的意义。

因为父亲离家四十年了，很想爱护他们，很想表现父兄的价值与意义。但是当他看见姑姑与大哥的辛苦，父亲很难和自我内心的渴望联结，也很难联结他们的渴望，这往往是家人起冲突的原因。

若是父亲能接纳命运，接纳自己四十年不在家人身边，进而接纳姑姑与大哥的心意，即使这份心意无法达成（因为礼物无法带回台湾），但只要能表达心中的遗憾与感谢，结果就会大不相同。

父亲若能这样说话："看到你们送礼物给我，我真心疼你们，从老远拿东西来，我又不能带回台湾，还让你们千里迢迢白跑一趟，真是太辛苦你们了。我想到四十年来没照顾你们，就感到心疼与抱歉。但是我真的很感动，觉得你们待我真好，我会将这份心意留在心里，还有告诉台湾的儿女。我很爱你们……"但我假设的说话内容是父亲内在真实的感受，在现实中却不可能实现。因为父亲心中充满愤怒、愧疚、难过与无奈，唯有帮助父亲觉知这些感觉，承认与接纳这些感受，才能化解心中情绪，才有机会说出这些话，表现出正面的行为。

若是父母在教养过程中，教师在教育的现场，都能更坦诚地联结渴望，表达心中的渴望，那就是我心仪的教育方向。

我们在人际沟通中，在教育的过程中，如何觉知自己的渴望，如何联结他人的渴望？这成了我心中一个重要的课题。想要完成这样的课题，身兼教育者的教师与父母，应该要先联结自我的渴望：能体验自己的价值、能接纳自己犯错、能感受自身的意义、能自由地选择并为自己负责，就更能爱自己与孩子了。若能够经常联结自我的渴望，以"正面好奇""停顿"，作为"探索"与"核对"的方式；以切入感受、联结渴望为谈话的脉络，教育的课题也就简单了。

我不仅在日常对话中运用，也运用于文学课程的对话。比如，写此篇文章时，我刚结束一场讲座。一位高三的学生讲座后问我："如果我的人生没有目标，该怎么办才好？"这是个简单的问题，读者们可以思索，当孩子询问这样的问题，你会如何回应？会先探索与核对他的信息吗？会切入感受，并且让他们体验"渴望"吗？

我停下手边签名，专注地看着学生："你没有目标吗？"（我先核对他的信息。）

学生摇摇头，显得有点悲伤。

我停顿两秒问他："发生了什么事呢？你怎么会没有目标？"（再次核对与探索他的信息。）

"因为我小学发生了一件事……"他说着，眼眶红了。

核对的路径常常导向某些感受，这些感受则是通往"渴望"层次的路径。

"你的难过是什么？"（再次核对与探索他的信息，直接切入感受。）

"我觉得自己很烂！很懒惰！"学生忍不住哭了。

他的难过，透露了他对自己的评价，透露了他渴望"有价值"。

我在简单的对话中，要给予他的不是建议，也不是安慰，而是给予渴望的联结。我所进行的对话，并非心理师做治疗，而是很简单的反馈，让孩子在"渴望"中联结，让孩子逐渐找回生命力而成长。我想发展的是：一种生命的态度，一种生活的态度，也是一种教育的态度。

我接下来问了几个问题，每个问题都停顿了两秒。

"你怎么还愿意来问我这个问题呢？"（正面好奇。）

"你哪儿来的勇气？"（联结深层的感受，亦即渴望。）

"看起来你并未放弃，你能欣赏自己仍旧在努力吗，即使你懒惰的时间仍旧不少？……"（联结深层的感受，落实在他的体验与认知中。）

学生的眼泪大量涌出，这个眼泪正是体验自己"未放弃"的"价值"，我通过对话让他联结了深层感受。

简短的对话结束之前，他眼泪泛滥成河，这是健康的眼泪，因为眼泪中有了力量。我即将结束短暂的对话，结束前问他："谢谢你问我问题，你现在感觉如何？"

学生说："我现在感觉好像有方向了。"

"发生了什么事呢？怎么这么短的时间，你就有了方向？"（正面好奇。）

学生摇摇头，对我笑了……

当然，这位学生不可能因此而努力不懈，也不可能因此就解决问题。但是所有的教育者若是都能这样面对孩子，问题是否就会更容易解决呢？我的答案是肯定的。

在本书所提及的各个案例中，对话几乎都以联结渴望为目标。后面我罗列的几个范例，读者不妨看看对话的脉络。我特别罗列较为繁复的谈话过程，一则是提供读者参考对话的脉络，二则是指出联结一个人"渴望"的重要。

会欣赏自己的孩子，
才会更自信

　　青栎是一个清秀的男孩，是高二年级的学生，他的眉宇之间带着一丝刚毅，也带着一丝忧伤，紧锁的眉头纠结着化不开的困惑。

　　母亲来听演讲，期望能带青栎和我谈一谈。父母带着青栎一起来，相对于父母的开朗，青栎显得有一点害羞，低着头并没太多话。母亲告诉我，青栎在这一段时间有很大进步。在此之前，母亲在演讲场合求教，询问该如何应对青栎，回去改变了应对的态度。原先青栎每天只知道玩计算机游戏，从来都不学习，现在已经改善许多，整个人比较积极了。

　　从我遇见青栎的父母至今，已有三周的时间了，这三周发生了什么呢？母亲很客气地表示，自己听了演讲之后，更改了对青栎的应对方式，觉察到青栎变得比以前积极、懂事了。

　　我转过头来问青栎，是否也有同样的感觉？（Tip1）

　　青栎很腼腆地耸耸肩，表示自己没有什么改变。

从和青栎的对话里面，我感觉青栎的害羞带着一种无力感。但从他的眉宇之间，我同时也感觉到一种力量被深深地埋藏，因为他偶尔说话会略显激动。

我们第一次谈话，我问了他们一些问题：家庭成员间如何交流？家庭成员有情绪时会如何表达？允许愤怒与冲突吗？对彼此的期待是什么？青栎对自己是否有所要求？（Tip2）

我印象最深刻的一句话，是青栎对爸妈表示，希望他们能看见他好的一面，而不要只是看见他不好的一面。（Tip3）

青栎的父母很愿意改变，当场就承诺青栎，会多看见他好的部分。（Tip4）

困在霸凌记忆中的孩子，在因为别人的错误惩罚自己

青栎原本是个健康的少年，不仅品行良善，功课也名列前茅。但是从初中二年级开始，青栎的课业就一落千丈，并且沉迷于计算机游戏之中。青栎的父母将这样的情况归因于一起霸凌事件，那起事件导致青栎对人失去信任，对世界也不再热情。

当父母提到这一段过往，青栎的眉宇不断纠结着，明显看得出情绪的激动，夹杂着愤怒、悲伤与无奈。青栎非常清晰地记得当时的情形，那是初二的放学时刻，暮色还没有降下来，青栎骑着脚踏车返家。因为车子出了一些状况，导致一群不认识的流氓样子学生对他议论纷纷。车子并无大碍，却意外听见那群人指着他的制服，谈论着青栎班上的同学。原来那群人正在寻仇的途中，议论着要给青栎的同学一点颜色瞧瞧。

那群人要殴打的对象，正是青栎班上的同学。青栎是个有正义感的人，立刻拿出身上的手机，通知班上同学赶紧逃跑。那群人眼见青

栎通风报信，转而联手将青栎殴打一顿。当青栎重新陈述这一段回忆，神情显得激动，陈述完之后，又显得无奈与落寞。

青栎怎么看这件事情呢？青栎觉得自己多管闲事，不该去管别人的事，那些都是多余的行为。

青栎嘲讽自己："多管闲事的下场，活该啦！谁叫自己这么傻。"

有时我常感觉：无情本是太多情。因为曾经多情而受伤，又如何有情？我觉得青栎正是这样的孩子。

母亲告诉我，青栎是个善良热心的孩子，但是发生这件事之后，青栎变得一点都不热心了。甚至数个月前，看见低年级的同学落入水沟，青栎经过水沟，却也不愿意拉他一把，变得冷漠极了。（Tip5）

青栎因此变得消沉，连功课也提不起劲了。（Tip6）

在晤谈结束之前，我问青栎他是否值得被关注。

青栎愣了一下，才悠悠地说："我不值得被关注！这世界多一个我、少一个我都无所谓。"

母亲听了这句话，立刻红了眼眶，止不住的眼泪簌簌落下，很悲伤地说："我这么爱你，你怎么可以这样说！"

青栎看见母亲的眼泪，只是强忍着自己的情绪，装出很冷酷的表情。

当我探索青栎的内在，试图让青栎和母亲联结，青栎数度红了眼眶，看得出来冰山一角已经松动了。他逐渐表示感受到父母的爱，但是在父母面前，感到很不自在。

失去自信的孩子，总是无法认可自己

青栎第二次来晤谈，父母都称赞青栎变得积极多了：主动起床做早餐，和同学的联结更多，带同学回家，也开始自动读书了，打计算

机的时间也很守时，愿意看护祖母……（Tip7）

我倾听了父母的反馈，发现这对父母的应对方式改变很多，也看见青枥的正面特质，有助于青枥走向更正面的生活。

青枥腼腆地说："我觉得自己没什么改变。"

我很好奇地问青枥："爸妈和你的认知，怎么会有那么大的落差呢？"

青枥只是耸耸肩。

我专注地看着青枥："我想谈谈这个话题，可以吗？"

青枥停顿了一下，点点头表示同意。

我语气平静地问："你和爸妈的认知不同，我有两个想法。第一个想法是你父母太善良了，所以想要给我好的反馈。也许你真的没什么改变，但他们不想让我受到挫折，所以告诉我'你改变了'。第二个想法是你真的有了改变，但是你不习惯别人欣赏你，所以你拒绝承认。这两个假设，哪一个比较接近真实呢？还是两者都不是呢？"（Tip8）

青枥的表情由复杂逐渐转为平缓，并且悠悠地说："是第二个吧！"

我继续探索："所以你很不容易欣赏自己？"

青枥点点头。

接下来我请父母暂时离开，留下青枥单独谈话。

我先确认青枥此刻的感受是否是放松的，因为他显得有点紧张。

青枥说："有点紧张。"（Tip9）

我问："是看到我会紧张吗？"

青枥再次点点头。

我问："身体的哪一部分，有紧张的感觉？"

青枥说："现在感觉腿部很僵硬。"

我说："那你就关心一下腿吧！将注意力放在腿部，你试试看做得到吗？"

青枥点点头，很专注地感觉腿部的紧张。

我问："现在感觉怎么样？"

青枥说："还是有点紧张。但是腿比较放松了。"（Tip10）

我问："这样的紧张，你是可以接受的吗？"

青枥点点头。

我问："你那么紧张，怎么还愿意来呢？"（Tip11）

青枥想了一下说："我想要改变。"

我问："从刚刚的谈话中，听起来你改变了呀！不是吗？"

青枥说："我觉得还不够。因为我常常想要努力，但是努力两天之后，第三天就打回原形了。"

我问："那你怎么评价自己呢？"（Tip12）

青枥回答："颓废、堕落、失败……"

我问："你对自己很严格？"

青枥默不作声。

我问："这么严格的标准，你是哪里学来的？"（Tip13）

青枥说："自己给自己的。"

我问："你喜欢吗？"

青枥摇摇头。

我问："当你说自己颓废、失败时，心里有什么感觉？"

青枥说："很难过。"

我问："难过什么？"

青枥说："觉得自己很没用。"

我问："那你怎么还要用这样的方式，看待自己呢？"

青枥眼眶红了，过了一阵子说："但我真的是这样子。"

我问："我记得上次来时，你希望爸妈能看见你好的一部分，而不是只看到你不好的。我看到你爸妈改变了，但是你对待自己很严厉，

没看见自己的好，怎么回事呢？"（Tip14）

青栎说："但我真的不好呀！"

我问："你没有用全面的眼光看自己，而是用局限的眼光。"（Tip15）

青栎说："哪有？"

我问："你真的有读两天的书吗？认真读了两天？"

青栎点点头。

我问："那你怎么不欣赏自己，却只批判自己呢？"（Tip16）

青栎回答："但是最后我又回到不读书的状态了啊！"

我问："我知道，但可以全面一点看待自己吗？"（Tip17）

青栎再次沉默了。

在情境再现中，帮孩子赶走消极的声音

我说："我为你模拟一下你在心里面不断指责自己的画面。"

我站起来，以手指着青栎，严厉地对青栎说："你是个失败的人，竟然这么颓废，只认真两天就堕落了，真是太没用了。"（Tip18）

青栎的表情很失落，眼神充满悲伤。

我坐回位置上，问青栎："你听了有什么感觉？"（Tip19）

青栎有点悲伤地说："很无奈，很沮丧。"

我问："那你听一下，我换一个说法，你有什么感觉？"

我坐在位置上，以肯定的语气对青栎说："我很欣赏你，一直很坚持某些东西。你认真读了两天书，虽然之后又不读书了，但是你并没有放弃，而且仍然想要再认真下去。"

青栎的眼眶红了起来。（Tip20）

我说完之后，问青栎："你听完这种说法，感觉怎么样？"

青栎回答："很温暖，有力量。但是我还是失败了啊！"

我说:"是呀!你心里的指责声音,一直存在不是吗?不是你让它存在的吗?我现在要让你比较,这两个声音,哪一个会让你想要奋起?"(Tip21)

青栎说:"后面的声音。"

我问:"那第一个呢?"

青栎:"会让我更想堕落。"

我说:"那将第一个声音赶走吧!留下第二个声音。"

青栎回答:"但是我做不到。"(Tip22)

我问:"你只要告诉我,想不想就行了。我们将这个设为目标,我们有一个共同的目标,不再让那个无用的法官、鞭打自己的刽子手出现。你觉得适合吗?"

青栎点点头,却仍旧对我说:"但是我做不到。"

我说:"我要的是你愿意,我们可以一起努力。你来这儿,不就是为了这个吗?让自己能够努力。"(Tip23)

青栎沉思了一下,点点头说:"我愿意。"

在与自己的对话中,孩子看到自己的长处

我请青栎深呼吸,看着旁边一把空椅子,问青栎:"如果青栎坐在你前面,你可以看到他有什么优点?有什么样的资源帮助他走到现在?比如说努力,或者其他?"

青栎沉默了一会儿:"坚强。"

我问:"还有吗?"

青栎:"有一点认真吧!"

我再问:"还有吗?"

刚开始说这些资源时还有一点胆怯的青栎,此时竟然一口气说了:

"勇敢、不放弃，还有执着。"（Tip24）

青栎说完，神情有一点激动。（Tip25）

我说："在你的心里发生了什么？"（Tip26）

青栎红了眼眶："我觉得自己可以这样走过来很了不起。"（Tip27）

我说："你不觉得这样子的青栎很值得被欣赏吗？"

青栎点点头。

我请青栎坐在刚刚假想对话的空椅子上，请他专注地听："我很欣赏你，你一直很坚强，没有被打败。虽然常会没有做好，但是你很勇敢，不放弃，而且很执着。你怎么可以这样走过来，那么了不起？"

我停顿了很久，看着青栎激动的神情，问他："你内心现在发生了什么？"

青栎说："有一点感动，觉得比较放松了。"

我再请青栎坐回来，问青栎："你愿意爱自己，看重自己吗？而不是只有可怜自己，不断责备自己？"

青栎点点头。

在图像对比中，孩子重新选择欣赏自己

我请青栎找一个图像，找一个自己很委屈、可怜的图像。青栎找了初二时被霸凌的画面。我请青栎将被霸凌时的自己放在左手，眼神专注地看着，问他有何感觉，青栎眼眶顿时红了，说："很难过，无助。"

我再次请青栎找一个图像，找一个自己体验爱的画面。青栎找到自己被母亲呵护，喂汤灌药的画面，放在右手，眼神专注地看着图像。青栎眼眶再次红了，但脸上的表情变得柔软。

我问青栎两者的感觉。

青栎说右手很温暖，很舒服。左手很冰冷，很不舒服。

我问："你喜欢哪一个呢？"

青栎将右手抬起来。

我请青栎给自己爱，而不要再可怜自己，也无须责备自己了。我请他深呼吸，将可怜放置在爱上面，用爱的温暖包裹可怜，请青栎告诉那个图像："我愿意爱你，我已经十七岁了……"（**Tip28**）

青栎眼眶湿润，回答我："我感觉心里很舒服。"

我告诉青栎："答应我，常常体验爱。还有你的惯性里面，那个指责的家伙会出来，但你要深呼吸别理会他，将自己的资源搬出来，并且允许自己休息，因为你真的还没放弃，你会努力。可以吗？"

青栎点点头说："我可以。"

在此次晤谈中，我想呈现的是在教养或教育的过程中，我们常常让孩子自责、内疚，看不到自我价值。这样的状况由来已久，但是这样并不会使孩子长进，只是让孩子在悔恨的时光中消磨罢了。

心教 Tip

- · Tip1

  核对母子彼此的认知，欲借着母亲提供的正面信息，探索青栎的资源。

- · Tip2

  我想从信息里面探索一个脉络，从脉络里面找到正面资源。

- · Tip3

  这句话表示青栎也渴望被认可、被爱，这正是我们共同的目标。

- · Tip4

  青栎的父母具有高度的觉察能力，也愿意改变，因此当下便许下承诺。

· Tip5

这个事件对青枥影响甚大，因此我在和他晤谈的最后，又带他回去看霸凌事件中青枥的人格，以及优秀的品质，找到他正面的部分。

· Tip6

因为一个事件对世界心灰意冷，只因感觉不到自己的价值。

· Tip7

从这儿便可看出青枥的努力，他只是抗拒承认而已。若要让他的动力持续，并且能接纳自己的不完美，要让青枥看重自己的价值。

· Tip8

寻找一个可能的谈话路径，让我和青枥对谈。

· Tip9

再次从感受切入。

· Tip10

当觉察感受，并且愿意承认与接纳感受，感受就不会成为干扰了。

· Tip11

聚焦在正面探索。

· Tip12

探索他对自己的观点。

· Tip13

此处可以探索更多的家庭图像，但我绕过了对父母应对姿态的探索。

· Tip14

运用父母的眼光改变他的固执。

· Tip15

我所经历的晤谈中，有很多不同的方式切入问题。我选择的都是在和青少年对谈时，以接近讨论、辩证的方式和孩子辩论。那比较接近文学教师的本质，比较不像一位晤谈者，这也是我通常喜欢的角度。

· Tip16

我很执着于此处的核对。

· Tip17

我采取的角度都是全貌，我也希望孩子们学习以全貌看待世界，看待事情。

· Tip18

这是简单的雕塑体验。

· Tip19

探索他体验之后的感受。

· Tip20

这是他经历了体验之后的反应，从表情先给了我信息。

· Tip21

我仍旧执着于这场辩论。

· Tip22

我认为此处若是更深一层晤谈，应该处理他这个观点形成的根源。但我并非咨询师，选取的方式应该比较接近文本辩证，那似乎也是我的资源。

· Tip23

重新核对他来此的目标，确认我们是一起携手前行。

· Tip24

这些正面资源都不是我说的，而是经由他的口中说出来。到了最后他一口气说了好几个，颇出乎我意料，我原先以为在此处会和他停顿甚久。

・Tip25

我认为这是看到了自我价值，联结了渴望之后的自我认同。

・Tip26

重新核对这份正面体验。

・Tip27

让他体验，并且让他承认这份自我价值。

・Tip28

让他意识到自己可以给予自己力量。

附录：

2014年3月，我和张天安老师同至新加坡讲座，在下榻的旅馆分享晤谈经验，我请他对青枥的晤谈过程提供一些建议与指导。

他听完我和青枥的晤谈过程，给了我不少意见。尤其在"自责"声音与"肯定"声音一段，提醒我"自责"也有其正面力量，并且自责声音不容易去除，他告诉我如何从不同的角度看待"自责"。我请他将意见写下来，分享给有兴趣深入探索的朋友。

张天安曾是我的同事，目前是专业心理咨询师。过去我们一起在辅导组工作，也一同修习萨提亚模式，是我走入教育之路的伙伴。张天安老师除了心理咨询、晤谈，也投入社福团体，与青少年、教师、父母一起工作，带领萨提亚模式工作坊，足迹遍及中国台湾、中国大陆以及新加坡。

以下是张天安老师的观察与分享：

青枥因为霸凌事件的冲击而产生负面情绪，认为自己无力帮助同学，反而让自己受到伤害，对自己生气，也对这个世界生气。所以他认为"这世界多一个我、少一个我都无所谓"，也使得自己面对他人与这个世界的态度消沉、冷漠。崇建联结了青枥和母亲的爱，让青枥感受到自己存在的价值，也因而开始对生活与学习恢复了积极、主动的态度。其中，对霸凌事件的观点的转化其实也很重要。崇建在文中的描述较不明显，原先青枥认为自己"多管闲事"，而崇建在Tip5中说明"在和他晤谈的最后，又带他回去看霸凌事件中青枥的人格，以及优秀的品质，找到他正面的部分"，这让青枥就此事件重新架构对自己的正面诠释。至此，崇建已协助青枥纾解了霸凌事件的冲击，接下来是针对青枥过去长久以来自我价值感低落的部分工作。

崇建将希望青枥"学习以全貌看待世界"作为切入点，正符合萨提亚成长模式追求"完整（whole）"而非"完美（perfect）"的取向。随后让青栎体验负面和正面两种声音的不同作用（第一个自责的声音让人想堕落，第二个肯定的声音让人想奋起），并且让他做出自己想要的选择，借此也取得青栎愿意为改变而努力的承诺。这里也有一个值得注意的地方：当青栎回应自己做不到时，通常我们很容易陷入和他讨论或是争辩他是否有能力做到的问题，而崇建却先绕过他对自己"能力"的怀疑，先去确认他想要改变的"意愿"，这也是萨提亚模式中非常关键的工作方法。

接下来崇建问青栎一个极具关键性的问题："如果青栎坐在你前面，你可以看到他有什么优点？有什么样的资源帮助他走到现在？……"这里有两个值得注意的部分：一是针对青栎很难欣赏自己的状态，让他跳出自己的位置，把"自己"变成"他人"，反而比较可以看见自己正面的部分；二是询问青栎在应对过去的困境时本就存在的正面特质或能力，引导他的注意力转向正面。当青栎可以说出对自己的正面观点后，就邀请他亲身体验，增加其体验性，更加落实他的正面改变。

最后，崇建让青栎通过想象与外化，让自己获得"被爱、温暖的力量"的照顾、安抚，而更加地体验到他是可以这样自我关爱的。

当崇建和我分享这个案例时，除了赞叹他和孩子之间的互动过程外，也让我想到，萨提亚模式中常常运用"添加"和"转化"，而非"去除"的信念与工作方法。因此若是后续再和青栎一起谈话，可以协助他更加接纳"自责的声音"，感谢这个声音曾经督促他努力学习。虽然如今已经不再适用，但可以将其"转化"成为一个提醒他而不必批判、指责他的"朋友"，将它转化成另一项正面的资源。

整体而言，我非常欣赏崇建的工作，因为过程中处处都体现萨提亚成长模式的特性，许多询问和引导的方向都是"正面导向"的，而且经常让青栎体验到自己内在的情绪，并运用沟通姿态、空椅法、想象力等方式增强他的"体验性"。此外，通过教育和改变父母、运用父母对青栎的看法与情感来松动他的僵化观点、在青栎的内在冰山中探索，都是运用"系统性"的力量在推进。当然，更不用说崇建一直"聚焦在改变上"，并且将"运用自己的一致性"作为这些晤谈过程中最有力量的基础。

帮一蹶不振的孩子，
重启生命的正面资源

云杉外表俊美，学业却不尽如人意。云杉已经高三了，却荒废学业已久，无心于功课。云杉母亲陈述时，充满焦虑，希望我和孩子谈一谈。

约谈前云杉母亲写了一封信给我："……他白天若不想上课，就假装生病请病假，即使去上课，放学后也会到网吧玩一两小时再回家，一回家就躺床上玩手机。书包很少装书，却装充电器、数据线、耳机。放假也不在家中待着，就在外面玩，其实多数时间会在网吧。"

云杉母亲忧心忡忡，经常数落云杉，但云杉无动于衷。云杉父亲在家不说话，只是经常摇头叹息，仿佛云杉已经无可救药了。

和孩子一起确认目标，唤醒学习的热情

云杉第一次来晤谈，显得有点局促不安，也有点生疏。我问他怎

么会答应来，云杉只是耸耸肩，表示母亲要他来的。既然已经来了，我问云杉想要从对话中得到什么，云杉很清楚地表示，只是先来谈谈。

母亲说明了云杉的情况，言谈中夹杂指责、焦虑与担心。云杉偶尔回应一两句，大部分时间都保持沉默。

"情况真的如你母亲所说吗？"我向云杉核对，云杉倒是爽快地承认了。

我问云杉："想要认真学习吗？"云杉不置可否。

我问他："想上大学吗？"云杉表示期望自己进入理想中的学府。

我从云杉的期望切入，进行较深入的谈话，谈他的理想抱负，他想象中的大学，也询问他以他现在的学习情况，能否进入他理想的大学。他坦白地笑着说："应该很难。"

我欣赏他的坦白，问他在迈向理想的过程中怎么会止步不前了。（Tip1）

云杉应该感觉我的语气没有教训他的意思，因为我只是很认真地探索。云杉也很认真地思索，停顿了数秒钟，似乎在理清自己的思绪，然后他诚实且专注地回答了我的问题。他在晤谈中表示，他其实可以好好努力，只要自己愿意的话。（Tip2）

"你愿意吗？"我慎重地问他。（Tip3）

他沉思了一阵子，表情坚定地回答我："其实我可以，我也想这样。"

我很好奇："为何在这么短的时间内，就决定要好好努力呢？难道以前没想过吗？"（Tip4）

云杉表示，自己曾经想要努力，只是一直没有行动，刚刚谈话的时候，觉得自己可以振作起来。（Tip5）

我询问他："若是你决定要努力了，需要什么协助呢？"（Tip6）

他思考了一阵子，告诉我他期望母亲不要只是责备他，不要只是看见他没做好的部分，能够多给他鼓励，能肯定他。当云杉说了自己的期待，我感觉云杉是一个纯真的少年，很清楚地表达希望自己能得到鼓励。这是孩子明明白白的人格展示：清楚、直接、大方，且真诚而认真。

母亲答应了云杉。

那一天的谈话，他们触及了彼此深层的感受，母子的内在有了交流。云杉表示自己很爱父母，也知道父母都很爱他，他希望自己能做给父母看。母亲知道云杉曾经想努力，虽然云杉总是荒废学业，总是说得到做不到，但是当母亲听见云杉表达对父母的爱，她流下了泪水。云杉决定要好好努力，承诺会认真读书，母亲也承诺要正面看待孩子。母子敞开心灵的交流，深刻而令人感动，但我期望这个内在的交流能为他们带来更好的应对方式，因此我请母亲现场和儿子演练对话，当彼此遇到冲突时，该如何应对。

除了两人的关系得到改善，还有云杉对自己的承诺。

云杉在谈话中觉得自己可以改变，这是一份真心的意愿，但是这份意愿经常会为惯性所阻挠，也会对自己失去信任。因此我在他承诺改变的部分，进行较长时间的对话，以落实这个承诺，我们讨论并一起制订了一个适合他而且简单的读书计划。（Tip7）

我告诉他，这个读书过程会很辛苦，也可能短期内无法达成目标。我请他接纳自己的旧惯性，做不好的时候，先别急着自责。（Tip8）

还有母亲回去之后，初期可能和他正面对话，但是母亲也可能随着时间而回到惯性，重新以旧模式对他唠叨。在那个时刻，我让他记得如何应对，也记得我此刻的话。这有助于他接纳母亲，也有助于接纳自己。

至于沉默寡言的父亲，云杉渴望和他更亲密，但是父子很少有机会谈话。我建议孩子先让自己改变，再慢慢感染父亲。如果父亲愿意来，我很乐意和父亲交谈。

回去之后，云杉果然认真地读了一星期的书。

母亲来信告知孩子的状况："你的谈话让孩子有了改变，他从手机不离手，到愿意放下手机五十分钟……"

我知道这个改变若要持续下去，要经历内在的浮躁、不安、愤怒、沮丧与无奈，需要他重新接纳自己，看重自己，意识到改变的意义。因为云杉太久没有认真读书了，这个过程将会起伏不定，需要有人关注与聚焦他的正面资源，才能够形成一个良好的惯性。（Tip9）

孩子养成好习惯的过程中会有反复，正面聚焦的鼓励很重要

第二次谈话的时间到了，云杉发高烧缺席了。

过了几天，云杉打电话给我，说自己生病之后又回到过去的状态了，回到了那种荒废时间，内心充满无力感的生活。他感到非常沮丧，感到愧疚与自责，不断地向我说抱歉。母亲也回到惯性状态，对他仍旧絮叨，言语间充满责备。

我在电话这一头安静地听着，我提醒云杉，我曾说过那个旧惯性可能会回来。他说当初听我这么说，心里却想着："怎么可能？自己绝对不可能再回到过去，不可能再堕落了。"

我很好奇：他没有做好，怎么还会打电话给我呢？他哪来的勇气，或是发生了什么？他思索了一会儿告诉我："我想要改变，我不想再这样下去了。"（Tip10）

我一直认为：孩子呈现出来的惯性，若非基因注定，便是成长过程中所逐渐形成的，非凭空而来。父母必须负起责任，引导孩子改变。

在萨提亚模式中，萨提亚女士提出人的应对姿态：当一个指责者

出现，周遭的人们多半以讨好、打岔、超理智与指责的姿态应对。想要改变应对的姿态，就必须跳出惯性的四种姿态，以一致性的姿态应对，才有可能让所有人的关系迈向同样的节奏，这就像是同步性。

若是家庭的应对态度、面对问题的方式能够改变，就更能为形成了不良惯性的孩子带来改变。我常感觉一个人真正改变了，所有人都会随着改变，因为不同的应对姿态将会得到不同的回应。越是健康的、开放的、和谐的、一致性的姿态，就越有机会让成员在应对模式中更主动。

若是单纯针对孩子个人谈话，而非和整个家庭谈话，我通常会重视孩子想要改变的念头，因为孩子也渴望成为一个有价值的人。（Tip11）

在教育现场，我发现一般人看重的，是孩子为何没有做好，因而责怪孩子不认真，不够坚忍，不能吃苦耐劳，无法持续，而忽略了孩子想要改变的动机，忽略了孩子曾经改变过一小段时间。我称之为"负面聚焦"，有人归纳为"暴力观点"。

我将所学习的萨提亚模式导入教育情境中。萨提亚女士关注的是"健康"和"成长"，是一种持续不断的历程，要人们摒弃不再适合自己的东西。

在云杉身上呈现的短短历程里，什么是"健康"和"成长"的呢？（Tip12）我认为是"想要努力的""愿意努力的""已经努力的""有段时间能上进的"。

那什么是需要摒弃的，不再适合的东西呢？（Tip13）我认为是怠惰、懒散的惯性，还有随之而来的愧疚与自责。然而怠惰、懒散与愧疚、自责常常相伴相生，一旦怠惰、懒散了，内心世界的愧疚与自责便会油然而生，继而产生深深的无奈与绝望，不会懂得为自己负责，而是任由情况恶化，对自己失去信心。

现今常见的教育方式，却是强化最不适合的东西，让孩子感到自责与愧疚，而不是让孩子产生动力，也无法让孩子有自我价值感。

过去价值单一的年代，环境里的诱惑较少，一个感到自责与愧疚的孩子，心志相对容易收束，也许容易往目标迈进。但在当下这个价值多元的年代，环境充斥着大量诱惑，让孩子心念驳杂的原因太多，一旦衍生出愧疚与自责，更容易堕落放弃了。因为孩子的力量不是放在解决问题上，而是放在内心世界的斗争上，负面批判、负面影像充斥头脑，伴随复杂的情绪，更难以专心致志地读书了。

因此，我常在对话中，以引导孩子"健康"和"成长"为目标，注入以正面为导向的教育信念，聚焦在孩子是否有选择的可能、是否看见自己的成长、能在哪一个时刻感觉到资源与活力上，以全面的眼光看孩子丰富的历程，而不是仅想解决负面的问题。

以正面为导向的教育信念，经常被误解为只要包容，只要给予支持的概念。一般师长、父母看见孩子重回懒散的处境，更改了指责的语言与态度，常会变成："你又懒惰啦！没关系，慢慢来。""你要自己学会负责。""真是可怜，我会支持你。""你想清楚就好啦！怎么做我都支持你。"

这些语言里面，有的在语气与语意中包含双重信息，所谓的双重信息意味着表面上支持，但是大人心里面并非这样想。传达出来的语气容易显得疏离、不信任、不耐烦、不在乎，但又要表现得很开明。此举让小孩困惑，也变得不信任大人。这些语言中，有些安慰与同情的方法，也容易让孩子变得弱小，变得容易依赖大人，不懂得为自己负责任，因为大人支持的是他软弱的部分，不是支持他有力量的部分。

那该如何和孩子对话呢？可以依据本书前面罗列的我归纳的几个模式，以陪伴与探索的方式，协助他们迈向自己的目标。对话除了需要真诚，最好在停顿之后，再以宁静平稳的语气说话，语言可能会以如下的方式呈现："你会感受到焦虑吗？""虽然状况又往下滑了，但你还是愿意和我分享，并未逃避。""你前几天这么努力，是怎么做到的呢？""当你努力的时候，会感到痛苦吗？""如果会感到痛苦，那你是怎么度过的呢？如果不会痛苦，当时你做了什么，让自己不痛苦？"

聚焦于正面与改变，激活孩子心底强大的活力

云杉第二次来谈话时，对于自己堕落回原有的模样，内心深感沮丧，他觉得自己很无能，无可救药了。这是很多无法符合主流价值的青少年的处境，也是众多活不出价值的人的处境。他们需要温暖的力量陪伴，才能走出这道困难的关卡。

云杉无法欣赏自己的努力，因为学习与生活形态又打回原形了。一次又一次的失望，让他不断为自己贴上"怠惰""懒散"的标签，变得不相信自己，我相信很多人有类似的体验。若是为人父母，看见孩子一次又一次堕落，也会因此而感到沮丧，甚至深深绝望。

每当我和孩子谈及此处，碰触到他们内心深处无法表露的悲伤，我会在他们悲伤处停顿，因为那里有他们的尊严。顺着这个悲伤，便能清楚地听见孩子绝望的声音：他们感觉自己没有价值，他们不接纳自己做不好，觉得自己的生命没有意义，觉得自己陷入泥沼，无法自由地成为他们想要成为的人，并且不觉得自己值得被爱。

我也曾是这样的一个青少年，找不到自己的舞台，功课又无法满足师长与自己的期待。我对自己发誓一百次，但是我也让自己失望一百次。我要的并不是"你一定可以的！相信自己""没问题的！"这样的加油声，加油声并不能给我带来宽慰与力量，只会让我更有压力，更沮丧。当然也不是告诉我该如何做，更不是指责我的不是。如果可以的话，我希望有一个接纳我，静静地陪伴我的人出现，也许我会重

新拥有力量。

青少年如此的处境，常让我想到童书《爱德华的奇妙之旅》中的故事。故事中的主角爱德华是一只瓷兔子，被主人抱在怀里宠爱，因为一次意外，爱德华沉入了大海之中。他经历了长久的等待后，被渔夫打捞出海面，但是命运却使得爱德华得不到爱。他一次又一次被抛弃，一次又一次失去爱，爱德华的心碎了，再也不相信爱了。

当人一再失望，就会感到绝望，何况那个令自己失望的人正是自己呢？因此我们不难明白，要让孩子转变，必须启动孩子的内在动力，让他看到希望，让他重设目标，让他在失望的时候，接纳自己的失败，正视自己的努力，他们的心才会"活"起来。

那个让心"活"起来的动力，便是聚焦在"正面"与"想要改变"的动机上。

长久以来，作为一名陪伴孩子成长的老师，我已经不会为孩子的表现感到沮丧、绝望或者兴奋，我看重的是孩子内在深处的基石，我的目标在更长远的地方。我从萨提亚女士那儿学到：治疗并非处理"症状"，而是在处理"学习的过程"。我认为教育的过程也是如此，当孩子出现负面状况，不是去责备孩子为什么这样，而是探索孩子"想要什么"。陪伴他们在"想要什么"的目标，与"现状"中铺设一条轨道，让孩子看见自己在轨道中的变化，引导他们接纳自己的沮丧、失败、悲伤与愤怒，看重自己的努力。

而身为陪伴孩子成长的大人，只有展现了巨大的"爱"与"接纳"，孩子们才能从大人身上得到力量。当一个孩子一再让自己失望，他也很难一再相信自己了。

我第二次和云杉谈话，和他一起重新设定目标，要他持续为自己努力，然而如何让他重新拥有动力呢？

首先，他还愿意来谈话，便是一个强烈的动机（Tip14），虽然他

对自己有很多批判。他内在那种无力感，失去动力的无奈，和他初中三年级发生的一个事件类似。（Tip15）

他读初中时，是学校的桌球校队队员。

有一次他代表学校出赛，在五战三胜制的比赛中，他已经输掉前两盘，第三盘的比分已经到了十比六，只要再输一球，学校便被淘汰了。此时教练过来告诉他，如果这次能够顶住压力，逆转比分，下次出赛便让他当球队主力。

不可思议的事情发生了，云杉不仅逆转了第三盘，以十一比十获胜，更连胜三盘，为学校取得胜利。提及这一段往事，云杉的眼中充满激情，仿佛那时的斗志仍在他体内熊熊燃烧着。

但令他无法接受的是，赛后教练并未履行诺言，并未让云杉担当球队先发主力，教练的承诺像风中的灰烬，消散得无影无踪，他为此而感到愤怒、沮丧、空洞与惆怅。

云杉陷入深深的愤怒与沮丧，他再也不想碰桌球了，也放弃保送体育班的机会，去读普通高中。他的内在纠结着各种情绪，有深深的愤怒、悲伤、沮丧。一方面告诉自己该感谢教练，另一方面又生教练的气。要找到孩子的资源，并不是去评论事情的对错，也不是评价他的选择，而是探索他如何在逆境中奋起，那是他内在真正的资源。他在那一刻如何面对绝望的处境呢？又如何专注地打好每一球？如何能够在最绝望的时刻也不轻言放弃？当时他是如何做到的？又如何看待自己呢？（Tip16）

云杉眼中闪烁着激动的光芒，觉得自己当时"超酷的"。

我问他能欣赏自己吗，能欣赏自己打球时即将退败出局，却努力获得胜利的勇气吗？他如何看待教练？他要一直被教练影响吗？他愿意给自己一个机会，由自己主宰，而不是被教练主宰人生吗？（Tip17）我请他为自己负责，而不是让教练为他负责。

在他的同意下，我们拟订了一个新的读书计划，为自己来个逆袭。

孩子自发地正面启动自己，也改善与家人的关系

云杉两周后和我再次见面时，有了不少改变。

云杉摊开我们制定的读书作息表，他的读书时间较固定了，对自己也较能欣赏，只是离联考仅剩五天了。我很欣赏他的转变，尤其是他愿意改变的勇气。

除了学习的情况，他还和我分享了和母亲之间的一场冲突。

事情是这样子的：

三年的高中生涯，他的美术作业一次都没交过。即使美术老师对毕业生下达了最后通牒，他也没有在截止日期前交出去。最后美术老师将成绩送去学校各处室，几乎没有补救措施了，他才向老师求情，希望老师能给他延迟数天时间，待他将美术作业补齐。

美术老师相当无奈，也不确定学校程序是否允许。

云杉并未得到老师肯定的答复，但仍然利用两天时间埋头于美术作业中，完成三年来缺交的美术作业。老师接受了他的补救，只是淡淡地说道："早这样做不就好了吗？"

我好奇他怎么会去找老师求情，他以前会这样做吗？（**Tip18**）

云杉说以前会放任情况恶化，就随它去了，不会管它。但是这一次不同，他心里想："我不想再这样下去了，我想要改变！"

当他在家里补美术作业时，母亲过往的回忆被挑起了，心里充斥着生气与沮丧，她觉得云杉太不长进了，总是这样不负责任。母亲很生气地骂了云杉，批判的言语像针一样刺进云杉心里。于是，两人开始互相指责。

其中有段对话，云杉跟母亲说："为什么你每次都要这么生气呢？

一直不停地骂我，为什么不能好好地说呢？"

母亲说："难道是要我道歉吗？"

母亲接着气呼呼地说："我向你道歉，这样总可以了吧！"

云杉说："你虽然道歉了，但是你还是很生气，我们可以好好地谈吗？"

母亲盛怒难平，气愤地说："没什么好谈的！"随即转身。

这时的云杉背对着母亲，但仍然想和母亲沟通，于是对着即将离去的母亲说："我们可不可以把话说完，可不可以不要只讲到一半，而且都是一生气就走？"

被愤怒淹没的母亲无法将这些话听进去，反而更愤怒了，连头也没回地说："没什么好说的！"

当云杉陈述这一段的时候，我试着想象当时的画面。云杉试图和母亲联结，看到母亲愤怒的语言和模样，还有母亲即将离开的身影，他会是什么模样？若是青少年时期的我，大概会一语不发地离去，或者愤怒地指责母亲吧！但是十八岁的云杉，并不是这样的一个青少年。

云杉看着母亲的背影，勇敢地往前，走到母亲身后，伸出双手，紧紧地将母亲抱住。云杉很感性地说："妈，对不起，我很爱你。我知道你身体不好，都是因为我的关系，我已经在改变了，你可以监督我啊！"母亲即使愤怒倔强，听了儿子的话还是转过身来，像个小女孩一样伏在儿子怀里哭了起来。

当云杉重述这一段冲突和化解冲突的过程时，我最好奇的是，他和母亲向来如此亲近吗？可以如此自由地拥抱吗？我原先以为是的，想不到云杉回答我，自从幼儿园以后，他就没有再抱过母亲了！

我听了他的故事，心中颇为感动。我很好奇，云杉当时是什么样的想法，让他愿意拥抱母亲呢？云杉说当时自己的脚仿佛被冻住了，但是他的心很想去拥抱母亲。因为他想要改变，不想再这样下去了，所以他的心好像融化了脚，让他当下有所行动。云杉的主动拥抱、主动分享自己，让母子关系变得更温暖和谐，维持了很长一段时间。

然而，云杉的联考成绩出来了，他并没有考上理想的学校，父亲不想让他念大学。他虽然对父亲的决定没有意见，却也极渴望和父亲聊聊。云杉的最后一次谈话，跟我分享他最后鼓起勇气和父亲对话了，他谈了自己的想法。父亲虽然没有正面答复他，甚至带一点挖苦地教训了他几句，但是父亲终于愿意跟他说话，他感到非常兴奋。

云杉没有考上他心目中理想的学校，但是这五次谈话，对我而言是一个珍贵的经验，让我看见一个孩子的渴望能让他正面地启动自己，也启动与家人的关系，这是很珍贵的一件事。若是他们家庭的动力能够继续朝正面联结，那么云杉有没有考上理想大学，就不是太重要的事了。因为一个正面的人，知道如何让自己有价值、意义与责任心，又怎么会让自己的人生堕落呢？

附录：

张瑶华老师是引领我进入萨提亚模式的前辈，她曾经是中学的辅导老师，对于学生的成长有丰富经验，也给予很多父母与孩子陪伴，目前身兼中国台湾青少年教育协进会的理事长。她经常带领父母成长工作坊，也协助父母与孩子谈话，给予我专业上的意见。我邀请她为这一篇写些看法，让想深入学习的读者更进一步认识萨提亚模式。

◆ 问题本身不是问题，如何"应对问题"才是问题。——萨提亚模式成长信念

母亲充满焦虑与担心，带来儿子的问题来寻求解决办法。崇建没有聚焦在云杉的行为上，而是带着正面与好奇，探索云杉的内在，探索云杉如何展现自己的热情，同时探索是什么让云杉没有朝自己的目

标迈进。"以丰富的眼光"看待问题，行为只是应对的结果。每个人都想要表达自己独特的能量，崇建让云杉看到了自己的渴望，点燃了他前进的动力。

◆ 我们拥有所需要的一切内在资源，来应对生命中的种种挑战，并从中成长。——萨提亚模式成长信念

在家庭中，当孩子没能满足父母的期待时，父母常常用指责的姿态、否定的语言，来表达自己期待落空的生气与失望，孩子得不到父母的认可。孩子又常常以父母的观点去建构自己是谁，因为父母的不认可而觉得自己不够好，产生低落的自我价值感。当云杉的行为回到过去的惯性中时，他认为是自己的怠惰、偷懒造成的，对自己失望，感到无力。崇建从过去桌球比赛的事件中，让云杉看见自己有"负责""坚持""专注""努力"的资源，感受到自己内在的力量，这里可以多探索云杉如何运用这些资源帮助自己走过挑战。"相信自己做得到"是需要力量的，这股来自云杉内在的自我肯定的力量与崇建的支持，让云杉更具信心继续去改变自己。

◆ 父母已经努力做到最好，但他们常常重复自己在原生家庭的成长过程中所学到的。——萨提亚模式成长信念

家庭是我们第一个学习场所，学习如何表达自己的感觉和想法，学习如何与家人沟通和亲近，父母在原生家庭学到的继续影响着亲子关系。母子间遇到冲突时，母亲很容易根据过去学到的做出下意识的反应，无法进行真诚一致性的表达。崇建的提问让母亲看到儿子想要被肯定的渴望，联结了母子间深层的感受，让他们可以接触和表达对彼此的爱与重视。家人间可以进行一致性的沟通，分享、开放自己，让彼此的爱可以流动，关系更亲近。

◆ 成长模式的四大目标：提升自我价值、为自己做出选择、为自己负责、进行一致性的沟通。

我非常欣赏崇建落实萨提亚成长模式的治疗信念与目标，与云杉的五次谈话，让云杉能更了解与接纳自己，提升了云杉的自我价值感。云杉在学校愿意完成作业，为自己的学习负责，主动找老师协商，这正是自我价值感提升的体现。更令我感动的是，云杉愿意鼓起勇气去跟父亲对话，表达出自己的想法。

心教 Tip

· Tip1

探索他的理想，再探索迈向理想的困难，因为是探索，也就不会让人感觉是指责了。

· Tip2

一连串的核对，都是以正面为脉络，并且以好奇的方式开展。但好奇的方式，重要的是问话者的真诚，还有真正想要了解的心，才不会让人感到压力。

· Tip3

这是一个重要的询问。当云杉长谈自己的理想，坦诚面对自己的不足，他不仅体验了自己被接纳，也体验了自己是一个被尊重的人。与此同时，他也是一个自由的人。因此询问他愿意与否，就是让他自由地选择。

· Tip4

聚焦在他的转变，是转化过程中重要的一环。在云杉决定努力的那一瞬间，融合了心灵里的各种声音。聚焦在这里讨论，是帮助云杉意识问题，以及觉知自己的价值。

· Tip5

通常答案不是最重要的，重要的是他接纳了自己，也意识到了自己的存在。

· Tip6

我将话题拉回现实层次，与他讨论可能发生的状况，探索他可能遭遇到的冲击。这些可能都是他过去遭遇过的，若不帮助他以新的方式应对，很快就会落入旧有的惯性。

· Tip7

很多人对自己的期待颇高，如期望自己每天读两个小时以上的书，一旦没有专注读书，而时间不断流逝，就很容易落入悔恨的漩涡。因此为云杉调整阅读时间，让他懂得欣赏自己小小的努力，是很重要的功课。

· Tip8

功课不佳的孩子，很容易落入自责的处境，我先将可能发生的情况提出来，有助于他在自责的时候，可以觉察。

· Tip9

持续聚焦在正面资源，才有机会让正面成为新的惯性。

· Tip10

任何的事件发生，都有其正面的一面，困难的是如何找到正面。

· Tip11

改变的念头，就是通往深层感受——联结渴望。

· Tip12

亦即正面的，能成为一个人成长资源的。

· Tip13

这些我们希望他们摒弃的，大人也要优先摒弃。

· Tip14

扩大动机的讨论，就是聚焦在正面的意识。

· Tip15

从一个正面的动机，让他联结过去的经验，去回忆自己过去在同样的处境中是如何勇敢走出来的。

· Tip16

带领他重新体验过去的绝望以及让自己绝处逢生的斗志，并且聚焦在正面力量发生的那一刻。这一连串的对内在力量的召唤，都是通过正面好奇进行。

· Tip17

当他能欣赏自己，也愿意为自己负责任，就主宰了自己的命运，就不会以抱怨、沮丧的态度来对待自己的人生。因为当他抱怨他人，意味着他不懂为自己负责，但他已经十八岁了，我在谈话中让他意识到他是自己人生的主宰，他有力量也有能力为自己负责任。

· Tip18

这也是正面好奇，聚焦于正面的资源。

珍视自己，是自信的起点

芯橦是个认真的老师，外表柔软，内心却十分刚强，是个不服输的女孩。芯橦每周都来写作班听课，已经持续七周了。她来观察我如何上课，也观察我如何和孩子互动，如何通过作文和孩子讨论。这一天芯橦来听课，学生才刚刚要写作文，她便告诉我要提早离开，因为她感觉胸口很闷，呼吸不顺畅，她想去一趟医院，看看是不是生病了。

对我而言，胸口闷是身体的感受，往往伴随着烦躁、不安、紧张，以及身体紧绷的感觉。这些感受的由来，往往和事件、未满足的期待、各种观点、无法和自己的渴望联结有关，但一般人不容易意识到，因为在主流认知中，这些感受一直被忽略。当人拥有这些感受时，常会被这些感受影响，说话变得急促，口气变得不耐烦，容易因为小事就引发愤怒。

如何让人的心灵更宁静，让人不会感觉到气闷，不会感觉到浮躁不安？谈论这些问题的书，往往集中在心理学领域，很少在教育学领域的书里看到，这对教育者来说很遗憾。因为身教优先于所有教育，但身教的内涵，不应仅止于理性思维的引导，更应注重情感疏导的方法。毕竟一个心中愤怒、焦躁、紧张不安的人，在理性上要求他们不要生气、焦虑、紧张，无异于缘木求鱼。

这些感受比较细微，有些人长年带着这些感受，自我却无法觉察，说话常常令人觉得浮躁不安。若是父母与教师内在经常烦躁、不安、紧张、窒闷、不舒缓，教育的工作也很难顺利进行。一旦发生挫折与冲突，他人往往在技术层面教导教师该如何处理，或者被要求不要那么烦躁、生气，但事实上情况不会改善，反而让教师更感挫折。

因此我常呼吁父母成立交流小团体，建议教师成立支持团体，不是给予教育意见，而是对彼此的内在有支持，让教育工作者内在得以舒缓，教育问题也有了舒缓的可能。

我问芯橦："要谈一谈吗？谈完再去看医生。"我想关心她。

她虽然说想要谈一谈，但是好奇地问我，胸闷与呼吸不顺，我也能解决吗？

我笑笑说大概不行，但是可以借由这个感受，去探索一些可能的原因。

我问她："哪儿感觉很闷？"她将手放在胸口，表示整个胸口仿佛被塞住了，气卡在胸腔之中。

"那是什么感觉呢？"我请她形容一下。芯橦说："很难呼吸，有一种疏离、孤单的感觉。"

我环顾教室四周，所有孩子都埋头写作，专注地投入写作世界，还有另一位老师在课堂上助教。

如果童年的自己被误解，要为自己撑腰而不是斥责自己

当芯橦这么说，我也感觉到她的疏离，还有孤单的窒闷感。我仿佛看见她在一个角落站着，疏离地看着教室的人群，孤单地存在于世界的一个角落。

我将这种感觉分享给芯橦，她不断地点头说："对对对，就是那样的画面。"

我很好奇地探索："你站在那个角落多久了呢？几岁开始决定站在那个角落呢？"

芯橦突然表情复杂，眼角泛出了眼泪，若有所思地说："小学四五年级时，就站在那儿了。"

我察觉她的不自在，她告诉我，她从来不在人前流泪。我建议她允许自己难过，并接纳难过的情绪。我猜她很可能是坚强太久了，难

过的情绪不断地积累。

我同时告诉她，若是她不习惯，随时可以停止谈话，因为她是自由的，可以为自己做决定。芯橦是个认真且坚强的老师，她很认真地告诉我，想继续探索下去。

我回到她刚刚回答的问题："发生了什么事，让你在小学四五年级就站在角落，疏离地看着世界？"

她想到往事，眼泪又流了出来。那是小学四年级发生的事了：她和同学们玩着无聊的游戏，她将一张白纸当墓碑，在上头写着同学的名字"×××"之墓。同学一气之下，向老师打小报告。小芯橦被老师叫到办公室，老师恶狠狠地责骂了她，还给了她严重的处罚。

芯橦当时还是个小女孩，我问她："你当时有为自己辩解或回应老师吗？"芯橦摇摇头，表示什么话都没有说。

我问芯橦："你对老师有什么看法呢？"

已经二十五岁的芯橦，愤怒犹存地说，她很恨那位老师不分青红皂白地斥责孩子。芯橦直到现在都记得她的表情。

我问她："现在还恨着老师吗？"芯橦点点头。因为那位老师让她内心受伤，让她从此不再信任人，让她开始对人疏离，一直感到很孤单，这样的状况从小学四年级开始，延续到初中。她被老师影响了，自从被老师责备以后，便一直被深深地影响着。

我问芯橦："你很爱这位老师吗？"

芯橦语带愤怒地说："怎么可能！"

芯橦不是爱老师的吗？否则怎么对老师的评价那么执着呢？这么多年过去了，她牢牢地记着老师的话，牢牢地记得老师的表情，自愿被深深地影响着。

芯橦对我的说法感到困惑，陷入深深的思索，并没有回话。她的内心现在应该很混乱。

我问芯橦："那个四年级的孩子，自从被老师骂过以后，开始疏离人群，并且感到孤单。若是那个孩子在这教室里面，你猜她会在哪里呢？"

芯橦悠悠地说："会在教室后面的角落吧。"

孩子在角落做什么呢？会哭泣吗？

芯橦仿佛看到那个画面："她蹲在角落，头埋在双腿间，但是她没有哭，而是在生闷气。"

我知道芯橦是个好老师，她和我分享了很多教书的故事，也和孩子们一起成长。我想利用这个资源，问问她如何对待四年级的自己。

我问她："你想关怀这个孩子吗？"芯橦表情迟疑了一下，摇摇头表示不想。

为什么呢？

芯橦说："我一点都不想看'她'，我想要忘掉'她'。"

我提醒芯橦，那是她的一段过去，真的可以忘掉吗？而且她很努力，即使那么受挫，也没有放弃。

她摇摇头，表示真的忘不掉，但是不想再去看"她"。

我想让她看重自己，看重自己经历的过程，看重自己在那个过程中展现出来的美好品质，比如勇敢、认真、坚韧、不放弃……我要她接纳自己，并懂得珍视自己。她曾分享当老师的心得，展现了巨大的爱与坚毅，我要利用这个资源，让她去关爱自己。

我很好奇，她会去关爱学生，怎么不会关爱自己呢？因此我探索她对自己的看法，询问她："你认为自己是一个有爱心的老师吗？如果是，为什么不愿意去关爱童年的自己呢？"

芯橦立即摇摇头，说自己是个无情的人，并不觉得自己是个有爱心的老师。我继续问道："那你怎么会对那些孩子展现这么多的耐心与爱呢？"

芯橦跟我说，她只是认真罢了。

我再次探索她对自己的看法，我问芯橦："你认为自己是一个认真的老师吗？"芯橦这一次点头同意了。我请这位认真的老师设想：若是看到孩子在角落里生气，会想要帮助那个孩子吗？会想要照顾她的感受吗？

芯橦再次摇摇头，表示不会帮助那个角落里的孩子，因为那个孩子就是自己。

"怎么回事呢？认真的老师，为什么不愿意去帮助角落里的孩子呢？"

芯橦仍旧语带愤怒，因为芯橦生四年级时的自己的气，气她自己不争气，不长眼，做那些傻事，以至于被老师责骂。

我停顿了一阵子，专注且认真地看着她，让她沉淀内心的情绪，进入更深刻的内在。对于她的说法，我有不少困惑。我将困惑告诉她："你和小学老师是一边的吧！你也支持小学老师，去责骂那个小学四年级的芯橦吧！"

芯橦不可置信地说："怎么可能！"

我继续说："你不是和老师站在同一边吗？当老师去指责那位孩子时（我此时站起来，做出指责者的姿态，以手叉腰，另一手指着墙角），你不也是和老师并肩作战了吗？不是也以手指着那个孩子，振振有词地骂那个孩子愚蠢、不争气、不长眼吗？这是怎么一回事呢？"

芯橦表情非常复杂，我相信她应该很困惑吧。她摇摇头表示自己也不知道怎么会这样子，她不想和老师一样。

长大后的你，有能力照顾和保护童年的自己

我问芯橦："你真是一位认真的老师吗？"

芯橦回过神来点点头。

这时我重新挑战与核对，说："你这位认真的老师，会和你小学老师一样指责角落里的孩子，还是会选择和老师不同的做法，愿意去关怀那个孩子，跟'她'说说话？"

芯橦面部表情变化着，随后逐渐稳定下来，以坚毅的表情说："我愿意去跟'她'说话。"

我询问她："会说什么话呢？"

芯橦认真地说："我会告诉'她'：'站起来！有什么好生气，有什么好难过的！自己做的事情自己负责！坚强一点。'"

我在她说完之后，停顿了一阵子，才继续探索："现在还能感觉到'她'的感受吗？比如'她'的生气、无奈、疏离、难过与沮丧？"芯橦点点头。

我再次询问芯橦："你愿意蹲下来跟她说话吗？而不是站在这儿，要'她'站起来？愿意蹲下来安慰'她'吗？愿意温暖地跟'她'说话吗？"

当我探索至此，芯橦已经泪流满面了，终于愿意蹲下来和"她"说话。我请她想象自己蹲在四年级的"她"身边。

我缓缓地询问她，以及引导她。如果确实知道她是生气的，就告诉她："我知道你很生气。"如果确实知道她是难过的，就告诉她："我知道你很难过。"如果确实知道她是孤单的，就告诉她："我知道你很孤单。"

芯橦的眼泪泛滥，我知道她的内心愿意放下一些对自己的成见，愿意和自己接触了。

我更进一步询问芯橦："你愿意陪伴'她'、爱'她'吗？"

芯橦摇摇头，表示自己只能够陪伴"她"，还没有办法真正爱"她"。

我感觉芯橦真是一个认真且执着的女孩。

我整理了刚刚和她核对的语言，以及引导她说出来的话，请她来听："我知道你很难过，也知道你很生气，你孤单很久了，我会陪伴你。"

当她听到这些从她口中说出，由我重新整理口述的话时，她的眼泪决堤，仿佛她的委屈与难过有了一个宣泄的出口。长久以来，她对四年级的自己并不接纳，四年级的"她"也许做错了，也许没有做得很好，但是四年级的"她"仍是值得关爱的。时光荏苒，芯橦已经二十五岁了，但是她仍然对十岁芯橦的遭遇耿耿于怀。芯橦已经是个认真的老师了，有能力照顾十岁时的自己了，但是芯橦忽略了自己的成长，忽略了自己的能力，也忽略了十岁的芯橦需要被接纳，需要真正的陪伴与爱。

我请芯橦深呼吸，和内在的自我相处。随后我为她做了一些爱的仪式，以及正念的呼吸，并且请她回去专注地"正念呼吸"，她答应我了。

在结束谈话之前，我重新确认她谈完话的感受，她说胸口中闷闷的感觉已经消失了，感觉比较舒服了，她很讶异为何身体的感受会有这样的变化。

接受难过情绪，也是对自己的珍惜与照顾

最后，她向我道谢，并且问我为何可以对一个萍水相逢的人，给予这么多的关怀。她已经来写作班七次了，怎么会是萍水相逢呢？我告诉她可以更重视自己，而且爱可以很宽阔，并不会有边界。

她也好奇自己从未在人前流泪，为何今日却在我面前流了这么多泪水，何况教室中还有学生在写作。我请她接受难过的情绪，那也是对自己的一种珍惜与照顾，一旦开始了之后，其实并没有那么困难。

附录：

芯橦到写作班听课，机缘巧合之下，与我进行了一场深刻的对话。对话虽非刻意，却是我期望成立的教师支持团体的内涵，或者私下与孩子交谈的方向。我想体现的并非对话的内容，因为一般教师所学不会进入如此深的层次。我想体现的是一种陪伴的态度，陪伴一颗美好心灵养成，以联结深层感受（渴望）为目标，人就会产生美好的力量。

此篇写完之后，我邀请精于萨提亚模式，经常带领教师工作坊，也带领父母成长工作坊，以及开展青少年工作的陈桂芳咨询师给予指导，请她就这一段故事谈谈自己的看法，以供有心深入学习的人参考。

以下是陈桂芳咨询师的观察：

这次的交谈过程中，崇建运用了萨提亚治疗模式五个转化要素：一致性、运用自己、正面导向、体验性、聚焦于改变。因为外在行为是内在历程（各种观点、未满足的期待、渴望……）的反映，所以他在交谈过程中不提供解决方法，而是探索阻碍芯橦的内在能量。

他展现了萨提亚治疗中很重要的部分，运用自己的生命能量及能力，陪伴、引导芯橦释放及接触深层感受，并转化负面能量为正面态度。崇建的引导是历程性的，且具体验性，他一致性地尊重、接纳、引导芯橦，帮助芯橦接触内在感受，让她日后可以开始接纳、欣赏及认可自己的旅程。通过这个故事，应该明白，我们虽不能改变过去发生的事情，但可以改变过去的事对我们的影响，产生不同的观点及感受，并再次认识自己的资源，认可自己。

我试着整理过程中重要的部分供有兴趣的朋友参考：

一、了解芯橦的难题，协助她探索阻碍自己内在平和的是什么。

二、协助芯橦觉察身体的感觉（闷），并联结到内在的感受（孤单及疏离）。

三、探索芯橦的感受和过去经验的联结（小学事件的影响）。

四、觉察过去的事件对她的影响（如深层感受、观点及对自我的看法）。感受到的是生气、恨、孤单、难过、沮丧；观点是自己被误解，不信任人而与人疏离；对自我的看法是否认自己，不接纳自己。

五、尊重及接纳芯橦，对探索感受是可以有选择的，创造安全感，协助芯橦可以觉察、接触、表达、接纳当年的感受。

六、以新的眼光看待过去，觉察及接纳感受并改变芯橦的观点，发掘过程中学习到的资源，并提升对自我的认同。

1.借由矛盾法，松动芯橦执着的看法，让她可以逐步和自己接触及对话。

2.协助芯橦可以欣赏过去的自己（勇敢、坚毅，走过被误解、委屈的过程是不容易的），且可以认可成人的她也有很多美好的特质，如认真、不放弃等，进而可以疼惜自己并接纳自己。

3.接触及接纳深层感受，和被自己否定的小时候的自我相遇。

七、体验及落实过程的学习。借由呼吸及正念态度的练习，落实过程中的学习，老师的身体感觉及感受也不同了。

若以治疗观点来看第四点"觉察过去的事件对她的影响"，我有不同的建议：在"我问她，现在还恨着老师吗？芯橦点点头。因为那位老师让她心灵受伤"这一段后，我会先引导她接触、接纳内在深层感受（与崇建后面所做的类似），再让她明白，在这个过程中她发展了很多美好特质。当她认可当年自己的这些经历之后，再引导她和童年的自己对话，接纳、欣赏自己。

我的观点及经验是，如果可以先和内在感受联结，就较易进入认知。认可从此过程中所学到的，才易和当年的自己联结及接纳自己。

第 **5** 章

正面管教，
和谐而坚定
地改变孩子
的一生

用言行给孩子传递
正面的力量

1968 年，罗森塔尔发表了著名的研究报告，他进行了一项实验，说明"实验者的心理预期，会影响心理实验的结果"。

他将一群白老鼠分成 A、B 两组，将 A 组交给学生训练，并强调这群白老鼠特别聪明，学习的能力很强；将 B 组白老鼠交给另外的学生，并强调这群白老鼠平庸鲁钝，只是一般的白老鼠。

学生分别训练 A 组与 B 组白老鼠，让它们走迷宫，在迷宫出口放食物。实验的结果是，A 组白老鼠较 B 组白老鼠学习力强，很快就走出迷宫，B 组的白老鼠则不断迷路碰壁。

罗森塔尔事后才表示，两组白老鼠是随机选出来的，没有聪明与鲁钝的区别。

罗森塔尔归纳了观察后的判断：训练 A 组聪明白老鼠的学生，比训练 B 组鲁钝白老鼠的学生，在实验中表现得更积极和热心。

在实验中显示，被视为"聪明"的白老鼠，每一天的表现都优于

"鲁钝"的老鼠。其他人据此实验，发现结果是被实验者事先的信念所影响。

罗森塔尔也以学生为对象进行实验。

他来到一所学校，从一至六年级各选三个班，"煞有介事"地进行"发展测验"。随后他列出了一张"智识极具潜力"的学生名单，告诉教师这些学生在课业上将会有"非凡表现"，并且不需太长时间便能看见他们的成绩。罗森塔尔"发展测验"的说法是虚构的，和白老鼠一样并非真实。

时隔八个月之后，那些被挑选的学生成绩大幅进步，性格更为开朗乐观，师生关系更为融洽。

罗森塔尔的心理实验，被众人归纳出"信念"（或者说期望、暗示）对人的影响。他随机抽取的学生，通过罗森塔尔"权威性的谎言"暗示教师，通过教师将此暗示传递给学生。教师们只是将这些学生的"潜质"暗藏心中，却在生活、课堂的言行中，不知不觉通过眼神、微笑、言语等途径，将期望传递给名单上的学生。那些学生接收了教师的信息，变得更开朗自信，不怕挫折，无形中更加努力学习，就变得越来越优秀了。这个结果被称为"罗森塔尔效应"。

心理学家据此提出：对一个人传递"正面"信息，会使人拥有正面的力量，学习进步得更快，未来的发展更好；对一个人传递"负面"信息，容易使人变得自暴自弃，未来发展较不稳定。教育心理学家亦据此观察归纳出：受老师喜爱或关注的学生，学习成绩或其他方面都有很大进步；受老师忽略或贬抑的学生，表现较为不理想，情绪也常一蹶不振。在教育界最普遍的说法，是要通过鼓励的方式，提升学生的学习动力、自尊、自信与责任感，因为被鼓励的学生会比被责罚的学生表现更好。

我归纳这些实验结果与看法得出：用什么样的眼光看待自己、看待他人、看待事件、看待生命、看待世界……用什么样的方法对待自己、对待他人、对待事件、对待生命、对待世界……结果截然不同。这与萨提亚模式中的教导"问题不是问题，如何面对问题，才是问题"是一个道理。

正面对待孩子，是正确的教育选项

市面上出版的畅销书，比如《秘密》《吸引力法则》等，都是讲正面的力量。社会上不少人提倡正念，学术界的正面心理学正流行，都是正面力量的展现。

其他讲述人们改变与成功的故事，也无一不是谈正面力量。正面力量让人突破困境、迈向成功、走过低潮，让生病的人从疾病中痊愈，甚至战胜癌症。

有一则在网络上经常被传阅的故事，我不知道故事的真实性，但我对这则故事很感兴趣，故事中讲述了所罗门群岛的伐树方式：

所罗门群岛的原住民，不用刀剪斧锯等工具砍树，他们使用的是对着树说坏话的方式。他们集合当地的巫师，在破晓时分，聚集在树周围，对着树大吼大叫，并且诅咒那棵树。据说树平均三十天就会倒下来，就此失去生命力。

所罗门群岛村民的理论是，当人们对某人说坏话、说负面的事，对他又吼又叫时，会使那个人失去生命力的联结。据说他们以此伐树，能百分之百成功，只要三十天的时间，便可以杀死一棵大树的灵魂。

刀劈斧锯会伤害树的骨干，言语与念力却斫毁了树的生命。我将这个结论放在教育上：棍棒体罚对孩子心灵的伤害超过对孩子身体的伤害，语言的杀伤力同样不容小觑。

不只是树木。日本 IHM 综合研究所所长江本胜博士，在他的著作《水知道答案》中，以高速摄影技术进行实验，观察意念波动与水结晶变化的关系。他认为，水在善良、感谢、宁静、美丽的信息中，呈现的水分子结晶美丽，而给予怨恨、痛苦、焦躁等信息时，水分子呈现扭曲丑陋的形象。人的意识、感受与思考会影响水分子的结构。

运动场上有个著名的故事：四分钟跑一英里。1954 年以前，医生与科学家普遍认为：人类的跑步速度的极限是跑一英里需要四分钟。当时这个最佳纪录无人能超越，但是有位常练习跑步，并且以此得到牛津奖学金的医学院学生罗杰·班尼斯特相信自己可以打破极限。运动员和专业人士嘲笑他大言不惭，但就在 1954 年 5 月 6 日，二十五岁的罗杰·班尼斯特以三分五十九秒四跑完全程一英里，打破了原本被认为无法打破的纪录。在罗杰·班尼斯特破纪录之后，又有超过三百人超越这个"极限"。原来所谓的极限不是生理，而是心理的。

这些故事或实验表达了：

1. "正负面"的心念与语言，对世界也许有"正负面"影响。

2. 真实也许是由"意识""信念"所决定的。

这样的归纳，落实在教育中，我得到的结论是：

1. 正面对待孩子，是最正确的选项。正面的意念与语言能为孩子创造正面情境。

2. 正面的信息与意识，不只是我们要传递给孩子，更要用方法引导孩子去意识。比如孩子认为自己对数学没辙；孩子觉得学英语没有天分；孩子认为自己没办法；孩子觉得自己难与人沟通；孩子觉得自己无法对抗计算机游戏的诱惑……这些不理性的负面信息，其实只是几次的经验所创造的认知，并非事实。

正面管教，不仅是鼓励孩子那么简单

美国著名的领导力专家，约翰·麦斯威尔说："我无法选择什么事发生在我身上，但是我可以选择我要怎么做。"麦斯威尔指出，正面的态度是拥有力量改变的关键，他客观地指出："抱着正面的心理态度，虽然不能成就所有事，但跟负面态度比较，却更能帮助你把事情做好。"

既然正面教育是正确的选择，台湾各级学校也经常举办"正面管教"讲座，为何大家不使用正面的教育方式呢？还有人困惑，已经进行正面教育了，为何孩子并未正面呢？

我归纳了几种情况：

◆ 教育者成长于负面环境

教育者欠缺正面的经验，正面思考便无法落实，也就不会表达正面的语言。因为正面不是一种工具，也不是一种策略，而是一种真心的相信。

教育者除了改变言行，转换思考模式之外，必须诚实面对自己内在的生气、难过、焦虑与恐惧，并且学习正面看待自己。否则不仅易以负面言行对孩子，也容易对自己产生批判，不能正确面对自己的情绪。当类似情况发生，除了正面看待自己之外，也要学习整理自己的情绪。（如深呼吸、５Ａ、正念的呼吸、停顿、冥想、转移注意力等方式。）

◆ 正面并非忽略感受

皮尔博士在《人生光明面》一书中提及：很多人掩盖了负面的感受，在头脑里面催眠正面的信息，那不是真正的正面。因此在正面思考之余，也要懂得接触，并且处理自己的感受。

◆ 负面已经成了惯性

很多人并不想负面，而是负面已经成了惯性。脱口而出的语言，脑袋运转的思维，心里复杂的感受，罗列的都是负面信息。

若是明白自己已习惯负面，那就多使用"停顿"吧！让言行有意识地停止五秒，并且搭配深呼吸的练习，在停顿之后给自己"正面"引导，才能逐渐扭转负面习惯。

其次，为让负面意识停止，得清理脑袋残存的负面思维，注入正面思维的方程式，让脑袋里让出空间，置入一个正面信息。比如看到孩子玩计算机，脑袋负面轨道的信息是"懒惰"，言行就会回到旧惯性应对。因此先停顿，其次为脑袋置入正面信息"放松"，孩子在放松自己，虽然方式不被我认同，但是他已经逐渐在改变了，我要过去拍拍他的肩膀，和缓平静地告诉他："你已经比较会控制游戏放松的时间了。"然后转头离开。

◆ 孩子不相信正面

当大人正面反馈孩子时，若是孩子心里不相信，会显现出抗拒的言行。

孩子不相信自己正面，是负面教养的影响。大人必须认知，孩子的负面表现，自己需负最大责任，但无须再自责了。因为长久未感受爱的孩子，不相信自己值得被爱；不觉得自己是有价值的人，很难真正爱自己；不觉得自己拥有自由，很难为自己负责任；不接纳自己的孩子，也不相信别人能接纳他。

那怎么办呢？大人当然要坚持正面的言行，并且修正自己的语气。其次不要和孩子落入争辩，即使争辩中孩子是正面的，也毫无意义。教育者在进行正面反馈之后，应该懂得停顿下来，因为正面的意识并不只是在观点的层次，更需要身心有所感觉。

◆ 不知如何应对孩子犯错

大人必须学习，如何在孩子犯错时正面反馈孩子，并且支持孩子。大人必须有一个认知：犯错是成长的一部分，除了教孩子规则之外，不要在对错上不断说教。

◆ 不知如何应对孩子的失败

"失败是成功之母。"这句话人人耳熟能详。但是大多数教育者仍然习惯以成败论英雄。或是虽然知道这个道理，心里仍然计较每一次成败，头脑卡在每一次的失败上。以至于孩子遇到挫败时，师长习惯性让孩子检讨错误、弥补错误，要孩子继续努力加油，殊不知这些语言透露了不接纳的信息，也可能无意中透露了不接纳的非语言信息。因此当孩子挫败时，应学习找到孩子的正面，学习如何通过语言与非语言信息正面反馈。

◆ 正面要看全景，并非看单一事件

正面是朝正面脉络行进的方向，但一般人往往忽略了脉络，而执着于单一事件的成败。一旦孩子所做不如预期，大人便执着于眼前的失败。因此除了前项提醒父母要在孩子失败时，正面反馈孩子之外，还要学习从脉络上看全景。

什么是全景？

全景就是看到孩子成长的轨迹，将视角拉高到更高的层次，才不会局限在某个角度，看到的只是片段的样貌。一旦有了全景视野，就能看到丰富的资源。

写作此篇时，一位父亲来反馈："小朴已经进步很多了，上周有两天没和同学起冲突，只是在学校遇到不开心的事时，还是会跑出教室……"

小朴是一年级的孩子，从三岁起就常被父亲斥骂，也经常被父亲严厉体罚。到了上学的年纪，小朴已经无法和人专注对话，在学校不断和同学起冲突。医生判断孩子有多动倾向，来见我时也无法专注地听我说话。我除了给予父母协助之外，也建议他们要看全貌，不要执着孩子每一次犯错，要能真正看见孩子进步。父亲刚开始常来求助，尤其每遇到孩子犯错时，便会焦急又生气地问我："这样可以体罚他吗？"我都在照顾他的情绪，向他说明理由之后，否决他提出来的要求。

虽然父亲数次被我否决，却也收到我的正面反馈。一个月之后，母亲欣慰地告诉我，父子的关系变好了。当我得知这个信息，我知道父亲态度已经改变，并且懂得看全貌了。不执着于单一的事件，真正看见孩子的正面轨迹，孩子的成长也就会更快速了。

但是一般人来寻求协助，往往期望一下子就看到成效，想看见孩子立刻改变，那就会忽略全貌。因此我以三种曲线来呈现全貌的脉络。

一般人期望的孩子成长曲线：

当父母或教师决定改变负面态度，选择正面教养孩子，一般人往往期待孩子就此改变。但往往这个期待，是不可能的期待，或者孩子立刻改变的比例少之又少。人们因此陷入一种痛苦，重新选择回到旧惯性，却仍旧想找方法解决，焦虑与忧愁就会"抽刀断水水更流"了。

现实中孩子常出现的成长曲线：

大人都抱着孩子立刻改变的期待，但往往失落居多，大人由此便失去了耐心，也失去了信心，立刻回到旧惯性。孩子当然也失去耐心，也失去对自己的信心，状态就会原地打转，甚至急转直下。

正面应对出现的全景曲线：

当大人正面应对，孩子负面的惯性仍然存在。孩子的成长脉络，应是震荡走高的曲线图形。若是大人了解成长曲线的必然，便不会在孩子犯错、失败与堕落的时候，感到巨大的失落，因而衍生出过多焦虑、愤怒与难过等负面情绪，也就不会在那个时刻进行负面反馈。大人应该学习的是，当孩子呈现负面状态，应如何看见孩子的正面，并且反馈给孩子。不要以单一事件检验，应该看孩子如何愿意并努力转变、正面习惯如何坚持的（即使孩子只有一天正面），来启动孩子正面的资源。孩子的成长轨迹虽然会震荡起伏，但仍然迈向彼此的目标，便能逐渐摆脱旧惯性，形成新惯性。

◆ 正面不是看数据、成绩与表面，而是看到全景、渴望与资源

斯坦福大学教授，心理学家卡罗尔·德韦克指出："如果我们相信自己可以改变，就一定做得到。"

如何让孩子相信自己可以改变？

德韦克在哥伦比亚大学发表过一份研究报告，研究对象是四百位小学生：

这四百位小学生被安排三场考试，第一次属于正常考题，但是第二次考试则非常困难，考官刻意提高考题难度，几乎所有的学生都不及格。德韦克将学生分为两组实验，其中一组被称赞"很聪明"，另一组被称赞"很努力"。

紧接着进行第三场考试，结果呈现了一个现象：被称赞"很努力"的孩子，成绩大幅度上扬，甚至超过第一场考试平均分数的 30%；被称赞"很聪明"的孩子，成绩反而下降 20%。

这正说明了那些总是被称赞"很聪明""好棒哦""好厉害"的孩子，受挫折时的打击更大，甚至一蹶不振。因为那仿佛证明了他们"不

聪明""不棒""不厉害"。

但是那些被称赞"很认真""很努力""不怕挫折"的孩子，相信自己拥有改变的能力。

我带过甚多挫败的优等生，或者"小时了了，大未必佳"的孩子，他们长期背负"聪明""优秀""成功""名列前茅"等压力，内在的情绪早已和自己过不去，常常陷入放弃的处境。若是大人能早早导入全景视野、联结渴望与启动资源的概念，孩子的成就便会更大。除了前项提的全景，以及本书提的联结深层感受："渴望"的方式，启发孩子的资源也是很重要的。

因为德韦克的研究发现，相信自己能够改变的学生，不仅成绩变高，即使面对失败时仍存有信心，对未来的愿景也较为乐观，并容易享受学习的乐趣。

德韦克的研究，使我对于"重点班"的学生特别好奇，很想针对优等生的历程进行长时间的研究。他们的求学历程、求职历程以及人生的满意度，是否都是优秀的呢？在经历过挫败之后，这些被贴上"优等生"标签的孩子，是否更容易萎靡不振，如那些被德韦克称赞的孩子，成绩反而下降 20% 呢？但我要检测的不只是成绩而已，因为优等生照理应学业优良，而是他们对学业、工作、其他事物的态度，是否会因为遭遇挫折，而不能积极面对呢？

若是每个小学都有重点班，重点班的学生是否都上重点高中，上了重点大学？答案显然是否定的。我相信以优等生的条件，在不断筛选的过程中，一定不少一路优秀到大学、研究所与博士班，当了医生、工程师、律师或是各行精英。但是那些被筛选下来的优等生呢，他们的人生如何？我感到十分好奇。

我看到这方面的研究报告，多半锁定优等的判定方式，来研究是否真正筛选到优等生。但我关切的是"优等生"遭遇挫败之后，他们的应对表现如何。这份好奇的背后，存在着我观察台湾"资优教育"的缺憾，不只现行讨论"优等生"未因材施教的议题，更存在着优等背后被忽略的：如何让"优等生"身心获得更健全的发展。

好奇心是孩子学习的
内驱力

爱因斯坦说:"我没有特殊的才能,有的只是强烈的好奇心。"

好奇心是快乐、知识、满足与美的源泉之一,我认为孩子最常拥有强大的好奇心。比如,我四岁的侄子孝宣,他看见路边的小草,大声地喊道:"伯伯,你看!"他看见天空的飞机,会激动又兴奋地呼唤:"伯伯你看,飞机!"即使同样的事物已经出现多次,他都充满好奇与惊喜去探索。和他在户外走路十分钟,他对事物的好奇与热情随处可见。若是他和我四岁的外甥女三三在户外玩耍,常见他们对简单的事物好奇,蹲下身子专注地探索,或者开心地欢呼尖叫。

孩子的好奇心是学习的驱动力,我们如何维持他们的好奇,这是教育者的功课之一。我更常在意的是,如何重新点燃成人的好奇心?让教育者面对现况,充满好奇的探索,而非一味地以既定印象思考与应对。

我在面对孩子的问题时,好奇心常常驱动我去探索,孩子如何思考？孩子的言行如何变化？孩子内心发生了什么？孩子的感受如何变化？孩子如何和渴望联结？

当好奇心内化成为一种机制，一旦面对人、事、物，就不会以既定印象教导他人，而易着重在倾听、探索、核对与了解上面。常有人问我孩子问题的成因，我往往不知道答案，要先以好奇心进行探索。

比如，当一个初二的学生问我："人为什么要读书？"我不是给予既定的答案，而是好奇她问题的由来，探索她的内在感受。

我发现这样的态度不仅能帮助孩子摆脱当下的困境，更是培育优等生的有效路径，让优等生拥有更深层宽阔的思维、感受、渴望与自我，培养一个健全的人。

我将"好奇"的态度，置入生活、班级经营的层面，更置入写作与阅读课堂中，我常感到热情与惊奇。自 2000 年我深入认识萨提亚模式之后，我看待问题的方式改变了，也间接影响了我上课的方式，在课堂讨论或提问时，逐渐减少反馈孩子"对"与"错"，而是以探索的方式穿插整个课堂，启动孩子的好奇心。

比如，在作文领域，简单的好奇就是通过故事打开孩子次级感官的写作方向，让孩子从"听故事的人"变成"说故事的人"。通过叙事的停顿，在停顿处循着"事件""感受""观点""期待""渴望""过去""现在"深入地探索下去，让孩子因此启动他的好奇心。

好奇，是对孩子真正的关心

在本书各个范例中，可见我和孩子的应对，都是以好奇的方式进行。若是将好奇的方式放在课堂的脉络中，也有相当美丽的景致。

以我的作文课举例，我在讲授"宁静"这个主题时，不是对孩子教导什么是"宁静"，什么不是"宁静"，而是好奇孩子对宁静的诠释、认知与体验，因此我询问他们："你们有宁静的经验吗？"

孩子们纷纷举手表示"有"。

我点了其中一个孩子（我称他为 A，其他依序为 B、C），询问他"宁静"的经验，A 回答我："有啊！我睡觉的时候很宁静。"

我好奇地问 A："睡觉时不是进入梦乡了吗？怎么会知道宁不宁静呢？"

其他孩子哄堂大笑。

A 赶紧补充："是睡觉之前很宁静啦！"

"怎么说呢？"

"就晚上睡觉之前都没有声音呀！很安静。"

我好奇地问："你喜欢吗？"

A 说："不喜欢。"

"怎么不喜欢呢？"

A 赶紧回答："因为很无聊。"

不少孩子纷纷赞同。

我点了另一个孩子 B，询问他除了睡前，还有什么宁静的经验。

B 说："考试的时候很宁静。"

我问："怎么说？"

B 回答："因为考试的时候都没有声音啊！四周都很安静。"

我继续询问："你喜欢吗？"

B 低头想了一下："有时候喜欢，有时候不喜欢。"

我询问："怎么会这样呢？你能说说看吗？"

B 回答："有读书的时候喜欢，没有读书的时候不喜欢。"

大家又是一阵笑声。

我接着点另一个女孩 C。

C 说："下雨的时候，我感觉很宁静。"

我停顿了一下，好奇地问她："下雨的时候不是有声音吗？你怎么会觉得宁静呢？"

C回答："下雨的时候，我心里感觉很平和。"

我又停顿了一下："你的意思是说，宁静并不是外在的状况，而是内在的一种平和感觉？"

C点点头。

我继续询问C："我好奇的是，让你内心感觉宁静的，是雨的声音，雨的画面，雨的气息，还是雨中的什么东西？"

C想了数秒钟（此刻C的意识应在深入地探索吧！这是"好奇"的问话，最美妙的时刻，我常称之为意识），才缓缓地说："我觉得都有吧！"

我好奇地问下去："每当下雨的时候，你心中感到宁静了。那么宁静的时刻看世界，会有什么不同吗？我的意思是，和没有感到宁静的时刻？"

C说："有啊！"

我好奇地询问："能不能再多说一些？"

C很认真地回答："下雨的时候，我的内心很宁静，就会看到雨滴从窗户慢慢滑下来。还有雨中的树啊，花啊，有时候还看见青蛙，平常比较不会注意到这些。"

我更进一步询问："若是这时候朋友打电话来，告诉你好友过世了，你的心灵还会宁静吗？"

C说："我想应该不会了吧！"

"那你还会这么仔细，看见窗外雨中景色吗？"

C顿了一下回答："应该都不会注意了。"

我将这个话题扩及全班同学："你们谁有类似的经验呢？感觉到宁静是心里的一种状态？"

有人提到外在宁静，心里却不宁静；有人提到外在不宁静，但是心灵宁静……同学纷纷举手表达意见。其中 B 的回答让我莞尔："阿建老师，我刚刚就说了啊，考试前有准备，考场宁静我也宁静，所以我很喜欢；如果考试前没准备，考场很宁静，我却不宁静，所以我就不喜欢。"同学跟着一阵笑……

《叙事治疗》一书中，作者引用 Goolishian（吉利希恩）和 Anderson（安德森）提出的：治疗师"不知道"立场的重要。这种态度意味着不要从"我已经了解了"的立场问话。

作者在书中进一步阐述："不知道的立场，并不是'我什么都不懂'的立场……我们希望治疗是自己在所处的现实中体验选择的历程，而不是体验'确定的事实'。"

将这种态度运用到生活与课堂上，便是以好奇心应对世界。我认为好奇心是一种美德，我所指的并非揭人隐私的八卦事件，而是一种认真了解与看待他人的态度。以一种更宽广的视角，好奇隐藏在人表象下层的美好内在，而不是将人当作工具。这种好奇的态度，其实是对人真正的关心。

用好奇引导孩子意识到问题所在

人的正面如何产生，甚至落实为生命的信念？

我认为每一个事件的背后，都存有正面在其中，只是人从未意识。我认为意识的方式，是以好奇的态度，以"感受"与"深层感受"为脉络，通过探索与核对的方式，让人意识到正面价值。

比如，孩子常犯的错误总是一犯再犯。这些习惯的反应，仿佛一种被事先设定的程序，也意味着人不经过觉知、意识，直接做出反射动作，或者头脑知道了，但是行为上仍旧受惯性主宰。

《纽约时报》得奖记者查尔斯·都希格在《习惯的力量》一书中指出，习惯回路存在于人脑："……在习惯出现时，大脑不再完全参与决策，它要么完全静下来，要么集中做其他的任务。所以，除非你可以抵制习惯，找到新的惯常行为，不然习惯模式依旧会自动展开。"

当人想要改善问题，却忽略"觉知"与"意识"惯性，问题往往不会改善。

比如，人知道说粗话不好，但粗话已经成了口头禅，形成一种惯性，和别人聊着聊着，一句粗话又出口了，无论如何都改不掉。这种状况下，人的头脑知道要改变，但其实并未真正"意识"要改变。除非说粗话的人突然被自己心仪的对象听见，或被领导严厉责骂，在那种情况下，会因为内在受冲击，心灵受到的冲撞，而拥有较深刻的"觉知"，这人才真正"意识"到问题，启动改变的意识。

孩子遇到的问题也是如此，他们往往"隐约"知道自己"应该"如何，或者"隐约"知道自己的问题，但是从未真正"意识"到问题。尽管大人们耳提面命，孩子依然没有改变，因为大人常创造出更多问题，忽略了真正的问题。

大人的应对，往往是说道理、斥责、给意见，不仅无法帮助孩子觉知问题，反而让孩子用负面的眼光看待自己，成为一种新的习惯，离解决问题的方向更远了。比如课堂上有好动的孩子无法安静上课，老师头痛极了。我常听见老师诉苦，上课对孩子们讲了又讲，说了又说，骂了又骂，脾气也发了，也处罚他了，孩子总是改不过来。

有时候孩子听话了，也只是安静一会儿，又开始调皮吵闹，捉弄同学了。

为什么老师怎么讲都没用呢？因为老师的纠正、说教、怒骂、责罚，都已经成了惯性，而孩子的回应也早已经成为惯性，长久以来，成了教室中固定的戏码。孩子没有意识到"好动""吵闹"是个问题，总是在惯性中和教师应对，也将力气花在对抗、辩解与逃避之中。

如何帮助孩子意识问题？最重要的一点是舍弃我们常用的惯性对待。其次，是觉察自己内在的感受，并且处理这些内在感受。若是大人没有处理自己的感受，很容易和孩子流于情绪、对与错的对抗，而忽略真正的问题。

若大人整理好自己，便能真正针对问题，专注和孩子谈论。这个谈论不是以说教，也不是责骂的方式，而是以好奇引导问题意识："上课怎么会一直吵闹？""吵闹被处罚，会不会委屈？""吵闹的时候，是故意的吗？""如何帮助你，让你在吵闹的时候静下来？""若是你吵闹，我还是会处罚你，你会生气吗？"

若能在好奇的问话之后看到孩子的正面，问题往往就不是问题了。

不只课堂秩序，很多孩子的学习问题，往往也是没有"意识"问题。

比如孩子总是写错字，而且是同样的错字。老师让孩子纠错、订正、罚写，依然无效。因为孩子在写字的时候，常随着惯性，并未"意识"到自己的惯性。要让孩子不写错字，最有效的方法是和孩子讨论，这个字怎么常写错？下笔的时候，心里面有提醒自己吗？如何在写字的时候，能觉察写字的状态呢？

不只是写字，其他功课也是如此。

孩子的功课总是不好，我们是否一直使用同样的方式，同样的语言，想要改变他们，却仍然无效？问题出在哪儿呢？我们并未意识到孩子真正的问题，孩子也未意识自己的问题。比如，孩子学习时是否专注？若是不专注，我们应该以"好奇的方式"陪他讨论、面对"不专注"，而不是只有口头上叫孩子专注，这便是意识问题。又如孩子遇到某一门科目，心里便会恐惧、排斥、没耐心，那么真正的问题应是这些，而不是一味要孩子加油而已，这便是意识到真正的问题。在我的经验里面，最有效的学习方式，是觉察自己的学习状况，意识自己想要学好，而不仅是想要或是知道要学好而已。

善用正面的好奇，看到孩子更多改善和进步

要能真正启动孩子的正面力量，除了大人真心相信之外，还有一个关键因素，就是通过好奇心启发孩子的正面，而不是直接的称赞。

我目前尚未看见以"好奇"驱动正面的研究报告，但是我运用在文学课、写作课、讨论课、生活上，以及和孩子谈论人生问题时，我发现"好奇"是正面最好的驱动力。

我们不妨设想：教师、父母与助人工作者，若是已经看见正面，而以"强烈的好奇心"探索孩子与需要帮助的人的正面，会发生什么事呢？

我再引一句爱因斯坦的话："我们所能经历的最美好的事情是神秘，它是所有真正的艺术和科学的源泉。"我试着更动爱因斯坦的话："我所能经历的最美好的事情是正面，它是人一切能量与成就的源泉。"

爱因斯坦对宇宙的奥秘，感到激情般的好奇。而我从事教育以来，对于人的"存在"也感到强烈的好奇，因为人的"存在"本身就是正面的。

比如受家暴的妇女，遭受这么大的痛苦怎么还愿意为家人付出？一个不断打电子游戏的孩子，怎么还愿意准时上学？一个痛苦到不想活下去的人，怎么还愿意为生活做那么多？一个作文写不出来的孩子，怎么还愿意来上写作班？一个挫败的老师，怎么还不放弃教导学生？孩子在课堂上发言，即使不是正确答案，又是如何思考的？你以前经常迟到，但是我们谈完以后，你连续三天都没迟到，虽然你今天又迟到了，我很好奇你那三天是如何做到的？……

这些问话，都是指向渴望、资源与全景。但必须真正看见正面，才能真心拥有好奇，而非只是为了让孩子改变而使用的一种策略而已。多年以来，我已将"正面的好奇"内化成一种问话的方式，也内化成一种生命的态度，读者在本书范例中应随处可见。

当我们带着好奇探索人的正面，让人们看见正面的资源，那这个世界会发生什么事呢？我认为会更美好。

专注地和孩子对话，启动孩子的专注力

小枫居住在新加坡，是个害羞的男孩。八岁的年纪，很在乎母亲的一举一动。

母亲告诉我，小枫其实很调皮，医院诊断有多动症，老师常打电话来投诉说小枫在教室坐不住，破坏班级秩序。我转头看一旁的小枫，他在椅子上扭动着，似乎坐不住了，不断地问母亲琐碎的问题，母亲则一直要求孩子安静。小枫发现我在注视他，有一点局促不安。

我问母亲："他在家中也很好动吗？"

母亲看了小枫一眼，无奈地说："也是这样子呀！总是说不听，很难安静下来。"

我转过身来，专注且缓慢地问小枫："母亲说你在家很调皮，你觉得母亲说得对吗？"（Tip1）

小枫有点忸怩，抬起头看我一眼，随即将头低下来，无目的地看着旁边。我只是专注地等待，过了一会儿，他才点点头，算是给了我回应。（Tip2）

我停顿了一下，缓缓地问他："你平常很难安静下来吗？会常常吵闹吗？"（Tip3）

孩子点点头，这一次比较快速地给了我回应。

"谢谢你这么诚实。"（Tip4）我顿了一下，再语气平缓地问："你知道自己平常会吵闹，不容易安静下来呀？"（Tip5）

小枫又点点头。

"我很好奇，你是故意吵闹的吗？还是你不自觉就这样呢？"（Tip6）

小枫听了我的话，想了很久，眼睛并没有看着我，而是看着一旁的地板，但是看起来相当专注，似乎在思考如何回答。我猜测自己的习惯用语比较适合大一点的孩子，对一个八岁的新加坡孩子而言，应该不容易理解。

母亲在一旁催促着："赶快说呀！老师问你话，你怎么不回答？"

我转过身来，对母亲说："让我来吧！慢一点，我先试试看，我可以等他很久，顺便观察他的反应。"（Tip7）

我大约等了小枫一分钟，小枫在这一分钟内，都是专注思索的模样。（Tip8）

我再次用更清楚、更简单的用语询问："我刚刚说的意思是，你平常是故意这么吵闹，还是你不知道为什么吵闹了？"

小枫想了一下说："我不知道为什么吵闹了。"

"你的意思是说，有时会莫名其妙地吵闹起来吗？"我重复了小枫的回答，向他确认。

小枫再次点点头。

"那当你莫名其妙地吵闹时，你怎么看自己呢？"

我意识到，自己的问话语言仍旧是属于成人的语言，因为"怎么看自己？"这句话，有时候大人也不懂我的意思。

小枫专注地思索很久，摇摇头说："不懂。"

我很为这个孩子感动，他是如此真诚而专注。而且我观察他在回应我时，语速都很缓慢且认真，没有丝毫敷衍或忸怩不安。

我认真地向小枫道谢："谢谢你那么认真，总是认真想过以后才回答我的问题，也很认真地告诉我你听不懂我问的话。我刚刚的意思是，我很好奇，你喜欢自己这样吵闹吗？"（Tip9）

小枫摇摇头，皱起眉头说："不喜欢。"

"当你吵闹的时候，母亲会怎么样对你呢？"（Tip10）

小枫看了一眼母亲，说："骂我，还有打我。"

母亲听到这里，眼眶红了。

我问小枫："你喜欢母亲骂你，或是打你吗？"

小枫摇摇头。

我转过头来，对母亲询问："刚刚你听到孩子的回答，似乎有情绪，是难过吗？"母亲听我这么说，眼泪夺眶而出。（Tip11）

小枫此时注视着母亲，很认真地看着她，甚至伸出一只手，想要放在母亲腿上，但距离有点遥远，孩子伸出的手又缩回去了。

母亲说："我很心疼这个孩子，当孩子吵闹的时候，我不想打他，但是我忍不住。"

这是一般人常见的状况，我继续询问："你打完他以后，会自责吗？"

母亲点点头，眼泪止不住地流下来说："会，我很自责。"

我继续问母亲："当他不听话的时候，你想要不打他吗？"

母亲再度哽咽了："想，因为我很爱他。但是我情绪上来的时候，克制不住自己。"

我再次重复母亲的话，确认刚刚她说的问题："当孩子吵闹的时候，你急着想要制止他。但是情绪常常会在这时候冲上来，你克制不住自己，因此你便打他了。打完他之后，你感到很自责。但我刚刚听你说想要改变，想改变孩子，也想要改变自己吗？"（Tip12）

母亲点点头。

"你打他，有改变他吗？我的意思是，有达到你的期待吗？"（Tip13）

母亲摇摇头。

"那我教你一个新的方法，你要试试看吗？看适不适合？"（Tip14）

母亲点点头。

我先感谢母亲愿意努力，并且称赞她的诚恳。

我转头过来问孩子："当母亲打你的时候，你有什么感觉？"（Tip15）

小枫想了一下说："很痛。"

我继续问："除了痛以外，还会让你想到什么吗？"

这孩子很聪明，面对这个开放性的问题，他很快给我答案："母亲不爱我。"（Tip16）

"嗯！谢谢你告诉我。"我点点头示意，发现小枫比较持续专注地看着我："刚刚你听到母亲说很爱你了吗？"（Tip17）

孩子点点头。

"你喜欢母亲爱你吗？"

孩子又点点头。

"嗯！我要你明白一件事，母亲打你，并不是不爱你，是因为母亲还没学会新的方法。等一下我会教她该怎么做。她答应我会学习怎么爱你这件事，但这并不表示你吵闹是对的哦！"

孩子听了我的话，很安静地思索，并未回答我。

"我这样说，你听得懂吗？"我向孩子确认。

孩子点点头。

"我刚刚听到你说，你吵闹不是故意的，而是常常不知道为什么就吵闹起来了，你也不喜欢这样子。那当你吵闹的时候，怎么样对你比较好呢？"

小枫又想了很久，对我说："不懂。"

我觉得我们两人的互动实在充满趣味，他很努力地想要和一位叔叔沟通。我先向他表达欣赏与感谢："谢谢你总是这么认真听我说话，即使你听不懂也会告诉我，我喜欢你这么认真回答，因为那让我感觉我们是很认真在讨论，想要解决一个问题。"

我发现需要时时觉察自己的用语是否精准以及简单，但这实在不是一件容易的事："当你吵闹的时候干扰了别人，你不希望母亲打你，那你希望母亲怎么做来提醒你不再吵闹呢？"

小枫又想了很长一段时间，才摇摇头说："不知道。"

我重新确认一次："你是听不懂我说的，还是不知道要怎么样提醒你？是前面，还是后面的？"（Tip18）

小枫说："后面的。"

"嗯！那我试着用一个方法，你看好不好？"我接着深呼吸一口气，专注地看着孩子，缓缓地说："如果你吵闹的时候，我请母亲告诉你：'这样吵到我了，安静一点。'你会因为这样的提醒而安静下来吗？"（Tip19）

我在说话的时候伸出了一只手，平稳地放在孩子的肩膀上。孩子想了很久，安静地点点头。

我问："这样的提醒适合你吗？你会听进去而停止吵闹吗？"（Tip20）

孩子又点了一次头。

我转头过来，跟母亲分享："孩子吵闹并非故意的，经常在他不自觉的时候就吵闹起来。这种情况和你打他很相似，你也不想打他，但是你有时候无法克制。你可以了解孩子的处境吗？"（Tip21）母亲泛着眼泪点头。

"刚刚我对孩子说的话，你可以接受吗？当孩子吵的时候，你可以这样做吗？"母亲点点头。

"适合你吗？"我再次确认。母亲再次点头。

"不过我要提醒你，当我们如此谈话过后，你会显得比较有耐心，烦躁感觉较为减少。但是过不了多久，你的耐心可能会消失。我要请你先接受这样的状况，并且视之为必然，那么你就不会沮丧，以后发生类似问题时也会少一点自责。还有孩子的状况也会起起伏伏，但你要坚持下去，才会有可能改善。"

当母亲都答应我了之后，我示范给她看。我以 5A 的对话协助她意识并整理情绪，让她情绪放缓和以后，再以平静的语气与姿态和孩子对话。并且建议她，不是以孩子听话为目标，而是以练习沟通与觉察自我为目标。

母亲告诉我，她从没看过孩子这么专注地和人谈话。我则回应母亲，将这个对话的状态设为目标，但不要以我的状态为标准，因为我是不断练习而得来的。只要自己的对话状态能够觉察，能够进步一点点，哪怕是进步百分之一，也要懂得欣赏自己。

我和小枫对话是一个很新的体验，考验我的专注、停顿，让我不断探索与核对。也让我看见他人眼中的多动症男孩，其实是有能力专注以对的。但是与他对谈的大人，应该更有专注的能力，才能引导孩子的专注力。

心教 Tip

- Tip1

和孩子核对母亲的看法。

- Tip2

这里需要更多的停顿，需要耐心等待。

- Tip3

再次核对孩子认知的事实，因为刚刚的核对是眼神，而不是语言信息。

- Tip4

在孩子的回应之后，接纳并欣赏孩子。

- Tip5

这样的核对，也是帮助孩子意识到问题。

· Tip6

核对问题的发生，让问题意识更深一层。

· Tip7

我常提醒自己，需要更多的耐心与专注，并且觉知自己的状态是否有烦躁、不安与急促。

· Tip8

我的停顿来得频繁并变得更长，这就好像演奏一曲很多四拍，甚至八拍休止符的乐章。

· Tip9

探索对自己的期待，也是意识问题。

· Tip10

从儿子口中，探索母亲的应对姿态。

· Tip11

探索了情绪，有助于让母亲更如实面对。

· Tip12

将问题意识拉到自身，让母亲负起责任，共同面对孩子的问题。

· Tip13

核对旧有应对姿态的效果，带出应对姿态的改变。

· Tip14

我很少给出建议，若是给出建议，通常会核对他们同意与否，是否适合。

· Tip15

从感受切入问题。

· Tip16

这个答案出乎我意料，但能让我直接进入孩子的渴望。

· Tip17

联结孩子和母亲的渴望。

· Tip18

以选项和孩子一一核对。

· Tip19

孩子通常没有意见，因此我会提出意见，和孩子核对是否合宜。

· Tip20

再次核对与确认。

· Tip21

让母亲更加同理孩子的处境。

用正面的好奇对话时，
孩子会更愿意说出心里话

在演讲的场合，听众会提出问题，期望我能给予解答。

我很少当场给予答案，因为给予的答案，往往不一定是听众需要的。想真正解决问题，就需要更多的探索。但有时候也有意外，如果在短短的晤谈中某些关键的问题被澄清，也许就解决了问题。

我在新加坡讲座时，有位父亲询问关于儿子的问题，并希望能带儿子来见我。我虽然不知道匆促之间和他们碰面是否会对他们有帮助，但仍旧答应了。

以下是我和他们对话的记录。这是十分钟左右的谈话，我通过探索、核对，聚焦在正面的议题上，以好奇的方式所进行的谈话过程。

父亲说："老师，我将儿子带来了。"

我问："你们来想要问什么问题呢？"

父亲说："儿子常打游戏，不大懂得利用时间，房间也常不收拾。虽然大部分功课都很不错，但是语文成绩不大好，又不愿意花时间在语文上。"

我回答："看来我们有很多话题可以分享，但是我们没有很多时间谈这些，哪一个是你比较注重的？"

父亲说："语文学习的问题一直没有解决，我想先解决语文学习的问题好了。"

我转过头来问男孩："听父亲这样说，你有什么感觉？"（Tip1）

男孩不置可否，耸耸肩说："没有什么感觉，父亲总是这样说。"

我继续问："当父亲要你过来见我，你有紧张，或是抗拒吗？"（Tip2）

男孩再次耸耸肩说："没有。"

我问："因为你不认识我，而且我又是个老师，父亲要你来见个老师，通常不是个好主意，因为老师总是爱说教，你有没有感觉很无奈呢？"（Tip3）

男孩说："还好，我没有什么特别的感觉。"

我问："父亲说你语文成绩不理想，你怎么看待？"（Tip4）

男孩说："嗯，是不大理想。"

我问："你想考好吗？"（Tip5）

男孩说："我学习语文没天分。"

我问："没关系！说说你想不想，哪怕做不到也没关系。"（Tip6）

男孩说："我当然想呀！"

我问："你想有理想的成绩，却没有达到，是卡在哪个地方呢？"（Tip7）

男孩说："我回家以后，语文作业总是放在最后才开始写，有时候没有写。"

我问："怎么会这样呢？我听到你想要考好，但是听起来，你别的科目都很好，唯有语文考不好，你却没有写语文作业？"（Tip8）

男孩说："我也不知道。"

我问："当语文考不好时，你心情怎么样？"（Tip9）

男孩说："我会感到难过。"

我问："那你为这个难过做了什么？"（Tip10）

男孩说："就是想而已，但是没有碰它。"

我说："谢谢你那么坦诚，和我说了这么多感觉和想法。那怎么办呢，你有答案吗？我听到你很想读好语文，但是你没有做到，你的父亲又责怪你，你似乎陷入了一个困境，怎么会这样呢？"

男孩沉默了一阵子，陷入沉思，微微点头。

我看着男孩，没有说话。

一会儿，男孩认真地说："嗯，我会好好努力。"

我问："我很好奇，你怎么突然说要努力呢？"

男孩说："我不知道，但是我觉得想要努力了。"

我问："这是心里想的，还是头脑想的？"

男孩问："有什么差别？"

我说："从心里想的，你可能会落实，遇到困难也会想办法；头脑想的，也许只是想想，在此刻以理智回应我而已。"

男孩说："头脑和心里都有想。"

我问："我很好奇，你要怎么落实呢？"（Tip11）

男孩说："我每天会先抽出半小时以上学习语文。"

我问："这样适合你吗？"

男孩点点头。

我问："如果遇到阻碍，心灵会浮躁，你会怎么办呢？"（Tip12）

男孩沉思了一下说："我会专心。"

我说："谢谢你那么认真。我想告诉你，如果遇到浮躁的状况，除了专注，请你看重自己真诚的意愿，还有接纳自己有一点浮躁，因为你真的想解决这个问题。这样可以吗？"

男孩说："这样可以。"

我说："我很少看见一个孩子这么坦诚且真实，愿意面对自己的困难，谢谢你给我这个机会认识你。"男孩腼腆地笑笑。

我转过头来问父亲："你刚刚看到我们的对话，有什么感觉？"（Tip13）

父亲说："我很感动。"

我问："哪里触动到你呢？"

父亲说："其实他很愿意认真，还有他考不好的时候，也会感觉难过。"

我问："知道这些对你有什么影响？"（Tip14）

父亲说："我会试着放松一点，不会这么急躁地逼迫他。"

我问："那具体落实在平常的互动中，你会有什么改变？"（Tip15）

父亲说："我对他的要求会少一点。"

我问："怎么说呢？我的意思是你会怎么做？"（Tip16）

父亲说："我想他语文考七十分就可以了。"

我问："你以前要求他多少分呢？"

父亲说："九十分。"

我问："这样真的可以吗？你不会痛苦或焦虑吗？"（Tip17）

父亲说："不会！因为我看到他很想认真。"

我回头问男孩："父亲说七十分，可以吗？"（Tip18）

男孩说："绝对可以。"

我问："这样会不会压力还是太大？要不要改为六十分或者更低一点？"（Tip19）

男孩说："不行！分数太低，我也不能允许。"

大家都笑了。

我最后问男孩:"你听到父亲这样说,有什么感觉?"(Tip20)

男孩说:"很感谢。"

我说:"好的,请你记得此刻和父亲的谈话。但是你父亲太关心你,长久以来有了惯性,他可能偶尔还会数落你,你可以了解他的惯性而接纳他吗?"(Tip21)

男孩点点头。

我转而问父亲:"你儿子有很好的读书意愿与上进心,但他的成绩不会永远都达到你的期待,当他不一定考得好,或者有时候会有点小偷懒,你可以接受吗?"(Tip22)

父亲说:"可以。"

我告诉父亲:"真遇到那样的情况,你拍拍他的肩膀表示你对他的关心,接着就转身离去,这样可以吗?"(Tip23)

父亲说:"我会尽量记得。"

因为后面还有很多人排队询问,我们结束了简短的谈话。

心教 Tip

- **Tip1**
  这是从感受切入的问话。

- **Tip2**
  这儿还是从感受探索。

- **Tip3**
  仍旧从感受探索。探索至此，谈到来见一位老师的感受，虽然他回答没有感觉，但这样的问话易让他放松。

- **Tip4**
  直接切入要谈的话题，但首先是探索与核对他和父亲的观点是否有不同。

- **Tip5**
  探索他对自己的期待。

· Tip6

继续探索他的期待，并且探索他的行为。

· Tip7

探索阻碍期待的关键。

· Tip8

核对问题的发生，让他意识到问题。

· Tip9

这是从未满足的期待，转而重新探索感受。

· Tip10

从感受的探索，到行为的探索。

· Tip11

聚焦在他的行为上，落实他的想法。

· Tip12

提出未来可能遭遇的状况，为他模拟如何面对。

· Tip13

探索父亲的感受，从和孩子的对谈切入父亲的感受。

· Tip14

探索父亲内在的冲击，这是让父子的渴望能联结。

· Tip15

从内在进入对未来行为的探索，并且许下承诺。

· Tip16

更具体地探索与核对未来可能发生的状况。

· Tip17

从他的承诺，探索他的感受，借以落实承诺。

· Tip18

取得儿子的同意。

· Tip19

以感受重新探索可能性，并且带点幽默感。

· Tip20

从感受进入探索，联结父子两人的渴望。

· Tip21

这里也是在彼此的渴望上工作。

· Tip22

与儿子核对完，转而与父亲核对，也是在渴望的层次工作。

· Tip23

给予应对模式的建议，并且征询同意。

冲孩子发火前，怎么按下暂停键

发火前，让自己先停顿，
孩子的情绪也在宁静中被安抚

　　现代人变得不宁静了。旧时最常拥有的静谧，已经变成一种奢侈。我孩提时代所处的环境，常常是宁静安然：宽阔的天空，辽阔的田地，颜色单一干净，鼻腔常有草木气息，入耳的声音纯净且美丽。

　　我有这样的认知：孩提时代精神常与自然交融，一朵云、一朵花、一只虫、一片叶子、落雨声音、虫鸣鸟啭、草木芳香，都为心灵带来空间。在这样的环境下停顿感已经内化了，无须刻意便能有所领会。

　　现代的环境走向工业、科技与信息化，触目皆是拥塞的建筑物、闪烁夺目的灯光。耳朵充斥嘈杂的声音，孩子很少有机会真正地和一片天相处，和一片大地相处，和宁静相处，心里常常渴望宁静，却害怕安静孤单，无法真正拥有宁静感。

　　大多数现代人的身体、大脑、内心都难有片刻停顿。人们不仅行色匆匆，还被周遭的吼叫声、机器声、影音、压力、气息、色彩、滋味等填满了通往身心的眼、耳、鼻、舌。人们无法停下脚步，看到生活的真面貌，体验生命中的美，也就无法建构创造性的生活方式，也包括教育的方式。

媒体的喧嚣、人们不停滑着手机、问题与思考落入循环、人际关系落入惯性应对、不断流转的影音与信息……让人始终无法停顿下来。费里尼早已有了洞见，我记得他晚年接受采访时，手持巨大的话筒，对着天空自言自语："我们还能拍电影吗？"他的最后一部电影《月吟》中，有一位神经质的角色躲在古井内，不断地呐喊："世界再安静一点，我就可以听到古井在说什么。"这口古井仿佛心灵，但是人们也许连心灵都不认识。

数学家帕斯卡说："所有的不快乐都源自一个事实，就是无法安静地待在自己房间里。"因此我常常自问，向来未品尝过宁静的孩子，该如何引导他们体验一份宁静，停止惯性的语言、行为、思考，创造出新的感官与思维的向度。我常这样想：让孩子体验宁静之前，自己先停顿下来吧。

当我宁静地停顿时，孩子便莫名地落泪了。我的理解是：因为我的停顿带来了孩子的停顿，孩子的情绪也就无处或无须掩藏了。

人正确地对待感受，才能克服惯性停下来

一个人快如连珠炮说话，听的人肯定不舒服，也无法全然理解话语的内涵；一篇文章若无分段、句号、逗号，会让阅读的人费神、费解；上课不休息，不断赶进度，学习者肯定乏力……停顿是领略知识、美感，甚至存在感的关键。

比如，我去买一张桌子，在家具店流连甚久，看见每一张桌子都觉得不错，也都觉得有所不足。直到我停顿下来，在每一张桌子前坐下，心中才真正有所体会，找到契合的桌子。又比如，我在洗澡、散

步、静默、小憩、深呼吸……时，灵感总是特别充沛，这些都是停顿使然。

我在教书的过程中，常常在动作中觉知并且停止惯性应对，以深呼吸取代旧模式。觉知心灵的感受也是一种停顿。有人通过静坐，通过仪式，安静焚一炷香，专注饮一盏茶，专心煮一杯咖啡，还有社会上推广慢食、慢活、慢学、慢教、慢游……让一切都慢下来。这些都是一种停顿的形式，让身心更具有意识的能力。

停顿说来容易，做起来却并不简单。基耶斯洛斯基是我最喜爱的导演之一，为他配乐的普赖斯纳深谙停顿的技巧。普赖斯纳受香港《号外》杂志访问时，提出他对音乐的看法："一位法国哲学家说：'最好的音乐是 Silence（静默）。'但 Silence 一定要准备，即是之前之后有音乐。那么之间的 Silence 才最好。Talk（说话），很容易。但 Stop Talking（停止说话）很难。"

想戒烟的人，明知道不能抽烟，却戒不断；玩手机、打计算机游戏、赌博的人明知道要收手，却无法停；明知打骂孩子、教训孩子并不恰当，仍旧继续责骂，无法停止下来；有些话明知不能说，却仍是一边说，一边忐忑不安，无法停顿……

为何停顿是困难的？其中一项困难是惯性。惯性由来已久，已经形成了反射动作，即使在当下觉知惯性，也易被内在幽微的感受如无奈、沮丧、愧疚、失落等占据，掩盖了停顿的契机。因为停顿牵涉复杂，行为、思考、情绪、欲望都必须同时停顿，才能拥有宁静的可能。

以情绪而言，一旦人在表象停顿了，常会感觉局促不安：恐慌、担心、难过、焦虑感不断来袭。比如坐在领导的车上，若是停顿没话说，常使有些人感觉尴尬；朋友来家中做客，主人无法忍受现场的安静，只要有一点停顿了，主人必定要说些话语，避免沉闷带来的尴尬；有些人无法忍受寂静，尤其是在人群中的寂静，必定要不断说话，来掩盖内在的焦虑不安……

倾听先锋派作曲家约翰·凯奇的《4分33秒》，演奏者从头至尾都没有奏出声音。对听众而言，专注地倾听时，乐音是不存在的，只剩下听众的焦虑感发出的声响。可见当世界停顿了，人们也失去了存在感，因为我们正为喧嚣的环境付出代价，人们无法真正宁静自处，无法跟环境与自我建立更深的联结。

约翰·凯奇认为根本没有寂静这一回事，无疑宣称了停顿的难度。当人未学习如何正确对待感受，停顿就不容易落实。但是现行的教育里面，并不注重停顿的哲学。在当今快餐的环境里，注重的是效率与速度，期望学生反应敏捷，迅速做出回答，强调成功的要素，忽略失败的价值。人们因此而汲汲营营，匆匆忙忙，无法停顿，有时失去了含蓄的力量。比如，优等生的失败，可视为是在历程中的停顿，让人重新觉知秩序。若是大人能稳定地给予支持与爱，那么挫败就成了正面的经验与力量。但是一般人往往告诉失败的孩子："加油！""你一定可以的！""努力一点吧！"不仅孩子内在未能成长，也失去了停顿的空间。

有意识地做停顿练习，火气会慢慢地消失

即使无法长时间停顿，只要创造出停顿的空间，便有巨大的力量显现。

钢琴家阿图尔·施纳贝尔受访时表示："我写下的音符不比多数钢琴家还要好。不过我在音符之间所做的停顿——呀！那才是真正的艺术！"

在哈佛等美国知名大学讲座的魅力与领导学专家卡巴恩，则据此提出倾听的技巧在于："回答问题前稍做停顿。"她整理了一套标准流

程，却又声明"这并不容易"。她解释："你得有自信去忍受沉默，因为你可能不只会感觉尴尬，还会觉得整颗心七上八下，不知道对方在这两秒钟想些什么。然而，它绝对值得你这么做。一些客户告诉我，这个简单的技巧有极大的效果。谈话的对象似乎更加轻松自在，觉得自己的话得到更多的理解，因而愿意敞开心扉分享。只不过投资两秒钟的耐心，就能换来这么丰盛的回报。"

卡巴恩的说法，与我从萨提亚模式转化而来的实践方式几乎完全相符。在此我需要说明的是：停顿是刻意创造出来的，让意识进入。

若是慢食并未有意识，有可能如孩子口中含着饭，即使慢食了两个小时，也无法领略食物的滋味；慢活也需要意识，否则天天慵懒过日子，睡到午后才醒来的人，并不会品尝生活的味道。其他如静坐、仪式、饮茶、喝咖啡……皆是如此。

因此意识到惯性后，刻意地停顿，是改变惯性的第一步。紧接着意识自己的停顿，觉察自己的内在，安顿自己的情绪，或者以深呼吸与自身内在联结，便能将停顿更深一层进行下去。

除了面对自己的惯性，当等待孩子回答问题、面对孩子吵闹、孩子耍赖的现场、演讲的关键时刻、孩子为某些东西辩解时，有意识地让自己停顿三到五秒，就能得到不同以往的好结果。

但此种停顿的过程需要时时练习，读者不妨细读本书我刻意标示出来"停顿"的地方，试着念出声音，感受刻意的停顿，也许会有所体会。

孩子拒绝和你交流，
可能是安全感不够

　　我在自闭症协会讲座，一位母亲请教我如何应对孩子。她的双胞胎儿子患有阿斯伯格综合征，作文始终写不出来。

　　除了观察、探索与接纳，我没有特别的应对方式。但我想起写作班的教师跟我数次讨论孩子写作问题，也是关于一对双胞胎，上了十二堂课后，只有弟弟勉强写出一篇短文，哥哥始终写不出来。我当时建议老师，若是尝试过后仍有困难，可将孩子转到我的班上。我向孩子的母亲核对之后才知道就是这两个孩子，我再次请母亲将孩子转到我的班级。

　　2013 年暑假开始，我已经遗忘这件事了。那是新班级上课的第一天，我带着二十个五年级的孩子们上故事作文课。我边说故事，边与孩子互动，大部分的孩子都很投入，跟着故事剧情参与，只有坐在第一排的一个孩子，不仅头未抬起来，还把课本翻到了第四课自顾自地阅读。

我暂停讲课走到他前面，蹲下身子告诉他现在上第一课，但是他显然不想理我。我将他的课本翻至第一课，他又迅速地翻回第四课，更将我的手拨开，径自进入他自己的阅读世界。

我又接连两次帮他翻回第一课，他都以同样的方式回应，并没有多理会我，这引发了我的好奇。但我并未在那个状态停留，而是继续正常地进行教学。当时，我认为不能影响其他同学的课程进度，而他并未影响课堂，况且我的干预并未收到预期回应。

我认为此处的停止干预也是一种停顿。我称这种状况为停顿，恐怕很多人会有疑问。若是此刻停下教学处理这个孩子的特殊情况，是否也是停顿呢？

当我干预了学生，干预的动作便是持续，终止持续的动作是停顿。当干预学生的动作未收到反馈，有时被视为对教师的挑战，教师内在的思考、情绪与期待都会同时运作，常因此无法停顿下来。但是将教学停顿下来，教师内在的发生通常较少，因此更容易进行。因此当教师意识到内在，意识到停顿须刻意，停顿才有发生的可能。

停顿也是一种接纳，接纳自己的内在，也接纳现状，不以自己的意志干预尚未双向互动、尚未明确表达信息的状态。

先观察孩子发生了什么，不执着于孩子当下的改变

我一边上课，一边也分出一部分心思观察他是否会被故事吸引。当故事进行至精彩之处，我发现他抬起了头，将目光投向我，张开嘴巴可爱地笑了。我猜他可能一心二用，也许一边看书，一边听我讲故事。

当我发现了他的注意，立刻将目光和他接触，他却立刻收回目光，重新埋头于课本之中。我心中顿了一下，觉得自己太心急了，太急着

想和他接触，建立初步的关系了。或许这个过程应该更缓慢一点。

当我继续讲故事，他果然又被吸引了。我以余光看见他再次抬起头来看我，天真地咧嘴笑着。这一次我并不想立刻惊动他，我有意识地在故事的中间停顿下来，设了一个问题和学生互动。我先问其他同学的意见，以极缓慢且具有幽默感的问话方式问过三个学生之后，将眼光缓慢自然地投向他，询问他："那你呢？你觉得他是……"

这一次他没有立刻闪躲，也没有回答问题，而是对我微笑，才将目光重新缩回课本中。我注意到他在随后的课堂中较为轻松自在，数次将目光转向我，也跟着班级的其他同学呵呵地笑着。

写作文的时间到了。同学打开作文本，开始写他们的故事，但他又回到课本的阅读，并未拿出作文本书写。

我走到他跟前，看了他课本上的名字，字迹工整地写着：小桉。

我蹲下身躯唤着他的名字，帮他打开作文本，请他开始写作，小桉却不为所动。即使我将他的课本合起来，他也只是露出嫌恶的表情，仿佛告诉我不要干扰了，然后再次翻开课本阅读。看到这个迥异于一般孩子的反应，我脑海里面突然闪过"阿斯伯格综合征"，瞬间想起了双胞胎兄弟。

若是双胞胎兄弟，应该还有一位才是。我观察着教室里的孩子，果然看到教室后方有个孩子翻着课本阅读，长相和小桉有七分相似。走近后，我发现他的课本上也工整地写着名字：小榕。

我为小榕翻开作文本，请他写作文，并将他正阅读的课本合上。小榕的反应和小桉如出一辙，但是刚刚上课时，小榕似乎并未埋头于书中，反而有抬头看着我。

我决定停顿下来，暂缓干预他们，因为干预没有用，他们丝毫不回应我。

我回到讲台前面，看着同学们认真地写作，只有小桉与小榕两人埋头阅读。我心里想着，该如何和他们互动呢？我丝毫没有好的想法，但我仍然没有放弃干预。我尝试以更平稳的语气与不同的词汇对他们表达关心，以及让他们写作。为了使他们放松，我甚至对他们说随意写也没关系。但是我说的话仿佛遗失在外太空，丝毫没得到他们的回应。

我能做什么呢？在现场的我，维持五至十分钟一次的干预，但干预没有一点效果。我思索着过去的经验，我所带过的阿斯伯格综合征孩子应有数十位，每位孩子虽都有固执之处，但是他们都有不同的特质。每一次遇见他们，都仿佛发现一个新的世界。

和孩子接触时，先给孩子创立安全的表达环境

直到下课前十五分钟，两兄弟仍然沉浸在自己的世界中，不想回应外在世界。

我检讨持续干预这件事，心里想着应该跟他们建立关系。我想起很多阿斯伯格综合征专家的话："给予安全的环境。"

我理解的"建立关系"，就是和孩子"做出接触"，尤其是通过对话做出接触。咨询师和案主、教师和学生、寄养家庭和被寄养的孩子、志愿者和受关怀人等关系的建立，陌生客户的拜访，对犯错孩子的行为纠正，都需要在短时间内"做出接触"，通过眼神、肢体、语气、说话内容做出第一步接触。但是很多人意识到"做出接触"的重要，却跨越了相处的界限。比如刻意地讨好学生，带孩子违反校规等。过当的言行举止失去了沟通者的身份与界限，关系只是短暂地维系，却不是以健康的形态进行，失去了深刻的内涵与长远的目标。我认为，姿态、语气、切入感受、联结深层感受、正面好奇与停顿，是做出接触的步骤，也是建立关系的步骤。

小桉与小榕都没有写作文，看来今天无法让他们写作了。我自问是否可以更积极地与他们"做出接触"，创造他们的安全感，创造与他们的联结，而不是执着于他们办不到的事情。若是我执着于让他们达到世俗的目标，那我和他们的固执没有两样。如此一来我会陷于迷宫中，孩子们也会陷入迷宫走不出来。

当其他孩子仍在写作文时，我决定让两兄弟提前五分钟下课。

当两兄弟收拾书包时，我已搬了一把椅子在教室门外，因为我坐在椅子上的高度和他们的身高相仿，不至于让他们有压力，这是身体姿态的调整。

当他们两人走出教室，我深呼吸一口气，语气平静地请他们等一下，并且伸出手拉住两人的手。我以一种安定而坚持的握法，轻轻握住他们的手掌。小榕的手稍微动了一下，仿佛要挣脱，但是停了下来，小桉则安静地让我牵着。

"你们虽然没写出作文，但是这么认真地坐在里面，会感觉累吗？"

两兄弟同时摇头。

"那你们很认真，我很欣赏你们虽然写不出来，却仍然这么努力。"

两兄弟都没有反应。小榕看着我，但是小桉的眼神飘到了别的地方。

"小桉看着我。"我轻轻地摇他的手。

小桉转过头来看我，两秒之后眼神又飘移了。我仍然称赞他："这样看我很好，我可以确定你们听见我说话。"

我停顿了一下，语气平缓地问："你们以前作文写得出来吗？"

两兄弟同时摇头。

"你们可以随便写呀，写得差也没关系。"

两兄弟都没有反应。

"我看见你们上课在读课本，你们喜欢读书吗？"

两兄弟先后点头。

"那我下次送你们书好吗？"

两兄弟眼睛亮了起来，问我："什么书？"

"关于运动的书怎么样？"

两兄弟没有反应。

"那你们喜欢看什么书呢？"

小桉回答："看漫画。"

"你们喜欢什么样的漫画？有没有书名？"

两兄弟没回答我。

"那我下次送你们漫画，你们会看吗？"

他们没点头，倒是小桉问我："什么漫画？"

我停顿了一下，因为我没有答案。我坦诚地说："还不知道，我会去找漫画送你们。"

我又停顿了一下说："谢谢你们跟我说那么多，下个礼拜再见，拜拜啦！"

两兄弟背着书包下楼去了。

随后我和小桉和小榕的母亲分享当日的状况，我的评估与预期，还有我专注的方向。他们的母亲很客气，不断感谢我，也跟我分享他们的习惯：他们很难和第一次见面的老师谈话，也很难让陌生人拉住手。

我猜想在我和两兄弟的对话中，我应该给他们创造了某种程度的安全感吧！

在你递出理解的橄榄枝时，孩子不一定会接受，这也正常

两兄弟再来上课时，我将他们的座位安排在前面，他们很安然地接

210

受我的安排。当时我拿出送给他们的书——夹杂着漫画的文学书，两兄弟很愉快地接过去了。但是到了写作文的时候，两兄弟还在不断地翻阅着我送的书。

我请两兄弟收起来，先写作文，小桉完全不理会我，继续阅读着他的书，但是小榕收起来了。小桉看了一节课的书，我的干预仍然无效。小榕打开作文本，开始慢吞吞地写作文。

下课时间到了，小榕仍然继续写，小桉仍然继续看书。我告诉小桉，下次继续努力吧，可以回去了。小桉收拾书包，却发现弟弟小榕仍然在写，于是他趴在小榕桌子旁，想要看看弟弟写了些什么内容。弟弟掩盖着作文，并不想让小桉欣赏。两人嬉闹一阵子，小榕也写完作文了，小桉看着弟弟的作文，边看边笑着，随后一同下楼去了。

第三次上课时，同样的戏码又上演了。小榕努力地写作文，小桉努力地看书。下课时间到了，小桉又趴在小榕的桌旁。这一次小榕写得特别多，小桉竟莫名地在小榕身边生起闷气了。到底怎么了？我也纳闷。我询问小桉："怎么啦？"

小桉没有回应我。

我让小桉先回家，鼓励他下次继续努力，小桉更生气了。他原本整理好了书包，准备要下楼去了，此时看见弟弟作文写得很多，不仅生闷气似的嚷叫着，更将书包丢回原来座位，重新拿出作文本与笔。此时我的心里生出一丝希望：小桉被激起了斗志吗？弟弟连续两次都写出作文，而且这一次写得特别多，小桉不服输地想完成作文吗？

没想到小桉只是生闷气，嚷嚷着我听不懂的话，对着翻开的作文本发泄，愤怒、无奈与难过的情绪交织。

我蹲下身子，语气平静地告诉他："没有写没关系！已经认真很久了，下次再努力就好了。"

当我说完这句安慰的话，小桉更生气了。

我平静地告诉他："我知道你很生气。"这是我常分享给教师与父母的，关于如何引导孩子情绪发展的标准疏导方式。

当我说完这句话，小桉将一个揉皱的纸团朝我脸上丢过来。使用疏导情绪的语言，却遇到孩子更愤怒的回应，这种情况还是第一次发生。这对我而言是一个很有趣的经验。

此时此刻，我停顿下来，不再安慰他，也不再干预了，只是站在讲台上，温和地看着仍在写作的所有孩子。直到下一堂课时间快到了，下一班的学生已经坐定了，小桉仍在位置上生闷气。

我到楼下询问他们的母亲是否可以多等四十分钟，因为下一堂课要讲课四十分钟，而小桉仍然在教室内生闷气，我想给他舒缓的空间。我认为他不会干扰课堂，就让他先和下一班一起上课。

母亲欣然同意，也为孩子的生气感到抱歉。就在我和母亲对话时，小桉已经走到楼下，自顾自地拿起书架上的书阅读了，似乎刚刚什么事都没发生。

揪着孩子办不到的事情不放，只能是无意义的内耗

如果患有阿斯伯格综合征的孩子来自某个星星，我期许自己也来自星星，这样就能以星星的语言与他们交流。我选择适时地停顿下来，这样会创造更多空间，仿佛国画中的留白，拥有更多的机会，能进行更多的观察，未来也就拥有更多的可能。

小桉与小榕刚进入班级时，和同学没有互动，有些同学对他们会有些敌意，上课时对兄弟二人时有挑衅，小桉偶尔会很愤怒地回应。

如今他们兄弟每周来上一次作文课，已经一年半了，在班级里面虽然和同学互动仍不多，但是会主动举手发言，会愉快地回应他人，同学们不再对他们进行挑衅。

至于作文呢？小桉终于在第五次作文课写出作文了。那是他第一次在作文课上交出一篇作文，也打破了我教作文以来的纪录：从未有学生上课三次之后，还写不出作文。但是小桉第五次写出来之后，一直到第九次才写出第二篇。

　　如今小桉与小榕已经上课一年半了，上课的次数也有七十次了。小榕应该有三十五次以上写出作文，小桉可能写了不到二十篇作文。两兄弟的数理能力很强，平常也喜欢阅读，我修正了兄弟俩的方向，希望能够有更多写出作文的成功经验，这是个小小的目标。我虽然走得断断续续，但仍然在探索他们书写的可能，寻找有没有其他方式可以为兄弟俩的写作提供更多力量。

　　这一篇文章中，我除了凸显了停顿之外，还想要找到孩子身上的资源，但不会停留在他们与我"办不到"的事件里，损耗彼此的能量。

不知道如何表达的孩子，
更需要停顿和引导

2013 年底，我收到一笔捐款，我用这笔钱举办了一个免费的工作坊。协助的成员包含心理咨询师、志愿者、教师等二十余位助人工作者，一起陪伴三十位青少年一年的时间，参加的青少年全程免费。为确认青少年的参与意愿，我在工作坊进行之前和每一位青少年晤谈，其中和梅茵的晤谈让我印象最深。

十五岁的梅茵有抑郁症，是个不太说话的女孩。她对人群有一些恐惧，2013 年底已经无法去学校上课，待在家中静养自学。父母为了让梅茵走出来，鼓励梅茵接触人群，也想借着工作坊导师的协助，给予梅茵更多力量。

梅茵和父母同来，怯生生地坐在我面前，显得有一点局促，看得出她紧张不安。我在和她对话之后，她稳定多了。

"你想参加这个工作坊吗？"我问。

梅茵迟疑了一秒钟，点点头。

"我很好奇，你怎么会想来参加工作坊？"

梅茵的眼睛直视着我，并没有回答我的问题。

我停顿了二十秒左右，梅茵也跟着停顿了二十秒。她在我停顿的当下，有一股安定静默的气息，有别于一般的孩子。很多青少年在我停顿超过五秒时，会显得更局促不安，也有可能打岔转移，更有难过落泪的状况。当刻意的停顿之后，我以平静的语言对话，就能聚焦在核心的议题上。

如梅茵这样的孩子，能跟着停顿这么久，往往回应世界也比较慢，需要大人更有耐心地展现停顿感。此时向来有耐心的母亲，大概不好意思了，在一旁催促："没关系！你直接跟阿建老师说。"父亲也有点焦急地加入说服。

我请她的父母停顿下来，先让我试试看。梅茵转头看了母亲，又转头和我目光交接，并不害怕和我对视，但也还没想好如何回应我。

又停顿了大概十秒，我以平稳安定的语气问她："谢谢你这么认真地思考我的问题。我有几个想法，你看哪一个比较接近你的答案，好吗？"

梅茵点点头说："谢谢！"

我停顿了一下，接着缓慢地提出选项："你来参加工作坊，是因为母亲说了，你不得不来，还是因为你觉得在家无聊，想来感受不同的环境？或是你想认识新的朋友，还是你想改变些什么？或者我刚刚提的都不是，你有别的理由，只是还没有完整地想好该怎么说？"

我在提出每个选项时，都刻意地停顿了一下，一则让梅茵仔细思考，一则也让自己思索下一个选项，因为提供数个选项，需要更多的考量。

梅茵在我提供五个选项之后，表情显得较兴奋，立刻回答我："我想要改变。"

我在谢谢她之后，停顿了一下，进一步探索："你想改变什么呢？"

梅茵听了我的问话，认真地思索起来，并没有立刻回答我。

我们就这样停顿着，静默了二十秒钟。

"我再提几个可能，你看看哪个比较接近？"

梅茵点头回应我。

"你想改变生活的方式，改变学习的步调，还是想改变人际关系？或者改变抽象一点的，比如观念什么的？哪一个较接近你，还是我还没有提到的其他理由？"

梅茵停顿了一秒就回答我了："我想改变人际关系。"

"你的人际关系怎么了？有遇到什么状况吗？"

梅茵点点头，停顿了一下，她说："我不知道该怎么和别人说话。"

"有实际遇到的状况吗？比如在什么情况下，你不知道怎么和别人说话？"

梅茵告诉我，还在学校上课时，老师请同学们自己找伙伴分组，她想要加入某一群同学，却不知道怎么表达，只是静静地看着别人分组。

"你还记得当时的感觉吗？害怕、难过、焦虑……"

我接下来在她的感受上探索，探索阻碍她的地方。她坦言了自己的处境，期望在工作坊中得到的支持，确认了她参加工作坊的责任……

第 7 章

家长改变 1%，孩子改善 99%

自从《麦田里的老师》出版之后，我发现自己内心发生了一些细微的变化：更能觉知细腻的情绪，更能集中于当下，可以更自由地调整自己。这仿佛是一份礼物，不知不觉地让内在充盈，伴随着书的完成，内在的某部分也完成了。我归纳原因，也许是我不断讲述，也许是教育伙伴的砥砺，让我感觉自己有所成长。

　　我也收到不少朋友反馈，分享他们在自我成长、人际关系与教育现场的转变。他们孜孜不倦地学习，书本上写得密密麻麻，不断地听讲座，甚至参与工作坊。我发现不少朋友转变了，他们的说话态度变得沉稳淡定，姿态更安静娴雅，也有应对各种状况的能力。

　　当我听到他们分享教育现场、家庭关系，乃至个人的心境，我发现他们都已经相当成熟。我不只为他们高兴，也感到无比欣喜，那表示我的教育理念与方法的推广，收到了很大的成效。

　　我在新加坡讲座时，聆听新加坡的朋友分享学习心得，令我相当感动。我邀请他们与台湾的朋友在本书中分享一些心得。这七篇分享中，有教育现场案例、志愿者的体悟、亲子关系的展现，也有个人的成长，分享了不同方面的经验。

从这些分享中，读者可以看见他们如何从感受切入问话；如何启动彼此的内在渴望；如何善用好奇的问话启发孩子正面的资源，而不是直接给予一个概念；如何深呼吸与施展停顿。几乎如同在面对教育现场了。

我要特别一提邓禄星老师，他年纪长我七岁，却在这两年参与了我在新加坡将近二十场讲座，更积极参与多次萨提亚模式工作坊。他分享了自己在教育现场的经验，我在此表达欣赏与感谢。

用感受唤起孩子
争执背后的善良

◎ 新加坡小学教师　邓禄星

星期五的课间休息时间，我像往常一样在一楼走廊值班，看顾着来来往往的学生。

"邓老师！乒乓球室有人打架受伤了！"突然，一个男生向我急奔而来，神色慌张地喊道。

坏了！我心里"咯噔"一下，速速往体育楼赶去……

来到三楼的乒乓球室，只见一个瘦小的黄衣男生，一脸泪痕，佝偻着身子靠在楼梯口。"老师，就是他被打，打他的人是他！"来报告的男生指了指黄衣男生（在此称他为"小黄"，下同），又指了指我背后的一个穿着青衣的小男生（姑且称他为"小青"，下同。我们学校的运动装有红黄青蓝四种颜色）。

我转身看了青衣男生一眼，他以倔强的眼神看着我。

"你哪里被打了？"我回身问小黄。

"这里肿了。"小黄苦着一张脸，指着手臂上的瘀伤说。

"他用什么来打你？"我问。

"乒乓球拍。"他说。

"手还能动吗？"我担心他的骨头有事。

"能，只是有点痛。"他举起了手，又放了下来，看起来没什么大碍。

"怎样的痛？骨头里面很痛吗，还是皮肤上的痛？"我慎重地问道。

"只是皮肤上的痛，里面不会痛。"他认真地回答了我的问题，情绪好像被抚平了许多。

"还有哪里被打？"我掏出了手机，拍了一张他瘀伤的照片，继续查问。

"还有我的背，但是我的背现在不痛了。"他说。

我让他把运动衫的背部掀了开来，检查了一阵，没看出什么异样。

"这里完全不痛吗？"我还是问了一下。

"打的时候痛，现在不痛了。"我有点不明白，他怎么一再强调他的背部没事。

"你过来。"我拍了一张小黄的正面照后，把一直在我背后静静地看着的小青叫了过来，让他站到小黄身边，然后也拍了一张他的正面照。

"你用什么打人？"我有意识地把自己的声音调整到最沉稳的状态，问道。

"球拍。"他举起了手上的红色乒乓球拍，我同时拍了一张照片。

"怎么打的？"我问。

"这样……"他把球拍的侧面展示给我看，声音有些哽咽。我又拍了一张球拍的侧面照片。

"是他先来抢我的球拍的！"小青突然愤愤不平地喊出了一句话。

"你很生气吗？"我问。

"他把我的手弄伤了！"小青提高了声调，同时把手伸过来给我看。

只见他的左手中指骨节上有个划破的伤口。我有点意外，也拿起手机拍了下来。

这时，现场的气氛变得有一点奇怪，被打的人先前的痛苦，仿佛转移到了打人的人身上……

围观的人越来越多，我决定把小黄和小青带到办公室，继续询问。

办公室里，只有我、小黄及小青。我拉了一把椅子坐下，有意识地将自己的视线调整到与两个孩子的视线在同一个水平上。

"现在，我要先听小黄告诉我，刚才在乒乓球室发生了什么事情。小青你不要插嘴，等小黄说完了，我会再让你说。这样可以吗？"我看看两人，两人都点了点头。

"小黄，告诉我，你现在有什么感受？"我望着小黄，心平气和地问道。

"我很难过。"小黄有点触动地回答。

"嗯。可以多告诉我一点吗？什么事情让你这么难过？"

"刚才休息的时候，我去乒乓球室，看见小青，想要捉弄他，他却用乒乓球拍打我。"小黄开始哽咽。

"你的确很难过，因为你只是想跟小青玩，没有想到他会用球拍打你，对吗？"我复述一遍他说过的话。

小黄点点头。

"除了难过，你还有什么感受吗？"我继续问。

"我也很生气。"他说。

"嗯，你生气了。那你生气时做了什么？"

"我去抢他的乒乓球拍。"他说。

"你想抢他的球拍打回去吗？"我问。

"不是，我只是让他不要用球拍打我……老师，其实是我的错，我不应该捉弄他。"小黄突然满脸歉疚地对我说。

"我很好奇，你不是很生气吗，怎么会突然认错呢？"

"如果我不捉弄他，他就不会打我了。"小黄诚恳地回答。

"你现在不生气了吗？"我好奇地问。

"不生气。"对于他的回答，我有点惊讶。

"那你现在有什么感受？"我继续探索。

"我很后悔捉弄小青，所以他才打我。"他的句子说得有点乱，但是我听出了惭愧之意。

"小黄，我很欣赏你。你能够看到自己哪里做错了，愿意承认错误，没有把责任推给小青。"我看着小黄，感觉他情绪平复了许多。

"你还有什么要告诉我的吗？"

"没有。"小黄似乎很平静地说道。

我转过身体，面对小青。他的脸绷得紧紧的，很难受的样子。

"你听了小黄的话，现在有什么感受？"我确保自己以不带一丝责备的语气问道。

小青没有回答，沉默了一会儿，慢慢地，两行泪水顺着脸颊流下来……

我停顿了一下，转头看了看小黄，他也突然泪水盈眶。

我吸了一口气，对小青说："我看见你流泪了，你现在是什么心情？"

"我很伤心……"他轻轻地说道。

"什么事情让你伤心了？"我问。

"我很后悔打人。"他说。

"还有吗？"我继续探索。

"我不知道他原来是要跟我玩的。"他呜咽着说。

"你气自己吗？"我等他稍微平静后，问道。

"嗯。"他点点头。

"你气自己什么？"我问他。

"我气自己没有弄清楚事情就打人。"他似乎鼓起了很大的勇气，回应道。

"嗯。还有吗？"

"没有了。"小青幽幽地说道。

"小青，我很欣赏你。你能够意识到自己冲动的行为是不好的，也为自己打人的行为感到后悔。"我看着小青的眼睛说道。

小青静静地看着我，点点头，没有说话。

"你会担心小黄的伤势吗？"他的沉默，让我猜想他还有话没说，于是我继续问道。

"嗯。"小青点点头。

"你担心什么呢？"

"我担心他的骨头……"小青欲言又止。

"你害怕吗？"

"……"小青又沉默了。

"你是不是害怕父亲母亲会责备你？"我一边问小青，一边瞥了小黄一眼。

"嗯。"小青点点头，眼眶又红了。

我转过头问小黄："你的伤需要去给医生看看吗？"

"不需要啦，擦点药就可以了，现在不痛了。"小黄语气肯定地说道。

"嗯。我也觉得不是很需要。但是你如果觉得有什么地方不舒服，一定要让我知道，好吗？"

"嗯。老师，我真的没事。"小黄回答。

"好的。这件事情，你觉得需要通知小青的父母，或者让我去告诉你父母吗？"

"不需要啦，没事了，是我先开始的嘛！"小黄爽朗地回应道。

"不需要通知小青的父母，或者让我去告诉你父母，你是怎么想的？"

"我不想他被骂。"小黄严肃地回答。

"你被打了，也不想他被父亲母亲骂，我觉得你很善良。"我对着小黄点点头，衷心赞美他。

"你觉得你可以原谅小青吗？"我问。

"可以，其实是我有错在先。"小黄有点不好意思地说。

"嗯，谢谢你。谢谢你愿意原谅小青，谢谢你明白这件事情不是小青一个人的错。"我用感谢的目光看着小黄说。他的眼睛似乎亮了起来。

我转向小青，问道："你听见小黄的话了，能够接受吗？"

"嗯。"小青噙着眼泪，再次点点头。

"你觉得你可以对小黄说些什么吗？"我试着引导小青。

小青转向小黄，欠了欠身子，说道："对不起。谢谢你。"

"对不起。"小黄也随即欠身回应道。

"小青，你的手指还痛吗？"我微笑着问道。

"有一点。没事的，贴一张胶布就可以了。"看得出来，这时候的小青已经完全放松了，声音也比之前响亮许多。

"小黄，我给你一张胶布，你能帮他贴在手指的伤口上吗？"我问道。

"可以。"小黄肯定地说道。

"那小青可以帮小黄擦一擦药膏吗？"我转过去问小青。

"可以。"小青也很肯定地说。

我把胶布和药膏交给了小黄和小青，满心欢喜地看着两个善良的孩子为对方处理着自己造成的创伤……

孩子伤心难过时，耐心地探索与倾听，再给个坚实的拥抱

◎ 新加坡小学教师　翁添保

女儿平时一上车，就会叽叽喳喳地说个不停：谈老师，谈同学，东拉西扯。

可是今天放学了，她有些不对劲。仔细想想，最近这一个星期，她的话的确少了许多。前阵子被选上班干部，她好开心，整张脸像朵绽放的花。可是近来，她的笑容少了。而今天连话都少了。

"你还好吗？"我握着方向盘，尝试打破沉默。

女儿沉默一阵子后，深深地吸了一口气，边叹气边说："爸，你知道 × 老师，对吗？她今天在班上把我骂了一顿……"

我知道 × 老师是个教书认真，但很严厉的老师。

"发生了什么事？"我继续探索。

"她说我还有很多作业没交上。"女儿的语气中夹杂着复杂的情绪，"她还说凭我这种学习态度，不配当班干部。"女儿有她脆弱和敏感的一面，当然，她也很倔强，做错事不喜欢被批评。

"我知道错就好，为什么要一直讲！"女儿继续说着，这是她的歪理。

我母亲偏偏爱指正她的错误，所以祖孙俩常起冲突。今天老师当着同学的面这么说她，我想她的心情应该糟透了。

"哇，那你不是摆着一张臭脸？"我故作轻松地说。

"我没事啊，就让她说。后来同学还跑来跟我说我好厉害，被老师骂都不会怎样。"

这时，车子刚好停在红绿灯前面。我透过后视镜，看到女儿的表情。

"老师在班上批评了你，你有什么感受？"她没有回应。

"你会生气吗？生老师的气，也生自己的气。你也很难过，觉得自己没有用，是不是？"

当说到后面那几个字时，我清楚地看到，两行眼泪顺着她的脸颊缓缓地落下。

"上学很没意思……人在这世上究竟是为了什么？我觉得很没有意义……"女儿的语气突然激动起来。很显然，她此刻的自我价值感很低很低。

我没有回应她，继续开着车，给她时间冷静下来。

待我停好车，和女儿一起下了车，我用双手轻轻地按着她的肩，看着她的眼睛，语气柔和但坚定地对她说："你知道吗，有你和妹妹这两个女儿，是我这辈子最骄傲和高兴的事……你怎么可以说在这世上没有意义呢？"

我这么一说，她又开始哭了："我的心里有个瓶子，每次我伤心难过的时候，难过的事就会一点一点地装进里头。现在它满了……我都忘了它之前装了什么难过的事……只知道它现在满了。"

我知道此刻她的泪水不仅仅是因为学校的事，也包括之前几次和我母亲的不愉快经历。女儿既然提到瓶子，我决定借助它，让她从这种悲伤的情绪中走出来。

"你想象眼前有个小小的你，手中捧着一个装满了伤心的瓶子……你看着她时，有什么感受？你会想跟她说什么或做什么？"

"我觉得她好可怜……我想去安慰她，叫她不要那么难过。"女儿哭着说。

"那请你把眼睛闭起来，深呼吸。你不可能把瓶子里的伤心倒掉，满了就让它自己流出来吧……然后，我希望你给那个拿着瓶子的你一个大大的拥抱。"

女儿把眼睛闭上，不一会儿，我看到她的情绪渐渐平静下来了。

等到女儿不再受情绪所控，完全冷静下来以后，我才跟她说，在学校功课和与祖母的关系上，她完全有选择的自由，也有足够的能力去改变现状。

这时候跟她说这些话，我想她是能听进去的。

认可让孩子内心生出
更多爱与力量

◎新加坡小学教师　吴佩蓉

一天放学后，一个六年级的女孩走到我身边，很不好意思地对我说："老师，你有没有时间？我想要跟你说话。"我找了个位置坐下，专注地看着她的双眼。

先简单介绍一下这个女孩。她从来就不是一个行为或学习上需要老师们特别关注的孩子，因为她学习态度认真、有责任感、待人和善，脸上永远挂着灿烂的笑容。她心里仿佛住着一个小太阳，能照亮身边每一个人。曾经有老师说过："教书一天下来累了，看见她，就会开心呢！"

2012 年的教师节，她写了张卡片："亲爱的吴老师，谢谢您用心地教我学汉语。You are the first teacher who inspire my life! Thank you!（你是激励我生活的第一位老师！谢谢您！）"她就是这么棒的一个孩子。

她坐在我面前，开口告诉我，对将来要选择哪所中学就读，她和母亲有不同的意见。她问："老师，我要怎么说服我的母亲？"

"我很好奇，当你提出你的志愿时，母亲的反应是什么？"

"母亲会骂我，然后叫我听她的就对了。"

"那你听母亲这么说，你有什么感觉？"

"我很生气！为什么母亲都不了解我？"

"那你生气的时候会怎么做呢？"

"我就会去房间哭。"

桌上正好有两个水瓶，我把一个当母亲，一个当女孩。我把我知道的事情述说一遍，然后指着当女孩的水瓶问："你怎么看这个女孩？"

她哭了，说："不好。"

"你现在的感觉是什么？"

"我不知道。"

我提供几个情绪的选项，她说："有难过，也有一点点生气。我觉得自己很不孝顺。"

女孩说自己不孝顺，这是对自己的看法，这是从萨提亚模式的"冰山隐喻"中探索的"观点"，这个可爱的孩子，认为不听从父母的话，就是不孝顺。

"孩子，你经历那么不快乐的事，每天在学校里怎么还是开开心心的样子呢？"

"我不想让别人担心我。而且，父母亲不喜欢我到处说家里的事。老师，没有人知道我来找你。其实我去年就很想来找你说话了，只是一直不敢。我怕父母亲不喜欢。"

我肯定地对她说："你真勇敢。你也好辛苦，勇敢地表达了自己的感受，却被母亲否定了。想说出心里的感受，但又担心父母不快乐。于是，你就选择这一年来，把所有的难过委屈藏在心里。我很心疼你。"

这时候的她泪流成河。

我请她闭着眼睛，跟着我一起做 5A 练习。

"我知道自己很难过。"

"我承认自己很难过。"

"我接受自己很难过。"

几次深呼吸后。

"我欣赏自己虽然很难过，但还是一直想办法帮助自己。"

我给她的功课，就是学习深呼吸。

我告诉她："你和母亲现在没有办法沟通，因为母亲不能明白你的心意，你也不能明白母亲的想法。要是还有机会聊到这件事，你可以听听母亲的想法，慢慢与母亲沟通。情绪来了，就暂时离开，让自己做几次深呼吸。"

我告诉她："要是母亲真的把她的想法告诉你，你也要懂得说出自己的选择。但是不能只说你的决定，要你把背后的原因也告诉她。"

她点点头，似懂非懂。

我本想结束这次谈话，她突然说："吴老师，还有一件事！"

"什么事呢？"

"我觉得母亲比较爱父亲，好像比较不爱我。"

"母亲做了什么事情，让你觉得她不爱你？"

"母亲出门的时候只牵父亲的手。"

"那你有没有试过主动牵母亲的手呢？"

"有，她有时候就把我的手甩掉。"

"手被甩掉，你有什么感觉？"

"非常难过。"

之前在萨提亚模式工作坊时，我体验到原生家庭在我们的成长中扮演着举足轻重的角色。于是我大胆地问："孩子，你常常看到外婆吗？"

"我们偶尔会去外公外婆的家。"

"那母亲和外婆的关系好不好？"

"还可以，就是外婆每次都会骂母亲。"

大概了解了母亲和外婆之间的互动后，我告诉这个孩子："你知道吗，其实母亲也在学习，她有时候和我们一样，也会委屈，也会感觉难过，甚至生气。我听你这样说，觉得你的母亲很了不起，老师很感动，因为她还在不断地学习当母亲，你也没放弃学习当她的女儿。"

我说："你和母亲都需要时间慢慢来。"

我接着问："孩子，你觉得你值得被爱吗？"

她哭泣，耸耸肩，表示不知道。

我接着让她告诉我一些被爱的画面。

她说："现在。"

我还来不及好奇，她就接着说："现在跟你说话，我就有被爱的感觉。"

那一刻，轮到我眼眶红了，我心中觉得很温暖。

我感谢她，让我体验到自己的价值。

"孩子，既然现在跟我说话让你有被爱的感觉，那以后深呼吸时，心中就想着现在这个画面吧。你是值得被爱的。"

离开前，她对我说："老师，我可以抱你吗？"

我什么都没说，张开手臂，微笑地看着她。那一刻，我们俩的生命都充斥着爱的暖流。

一个月后，她在周记中写下了这一段话："那天，母亲要我去洗澡，我说'等一下'，继续看电视，然后真的忘记时间了。我知道是我的不对。母亲把我骂了一顿，一直说我不听话，说我没有责任感，越骂越难听。我很生气，因为我是真的忘记了。我跑到房间哭了，然后做了几次深呼吸，走去客厅找母亲。我告诉母亲，她这样骂我，我真的很难过也很生气，我向母亲道歉，也希望她以后不要说难听的话。母亲听了后，竟然向我道歉！她告诉我她一时太生气了，不过也希望我以后可以更加注意时间。老师，我用了您的方法，谢谢您！"

我也想说，谢谢，孩子。

【教学分享】

孩子学会好好道别，
才能轻松前行

◎新加坡心理咨询师　陈丽卿

2007 年 8 月 27 日，父亲的突然过世，对我有着非常大的影响。

父亲是一位非常大男子主义的人，我跟父亲的感情也就一般，可是就在他生病住院的那段日子，我们的关系起了变化。

我当时还在航空公司上班，当一名空姐。我跟公司沟通，尽量安排短程的航班，或跟其他同事换班，几乎每天都到医院去照顾他。我人在医院里，父亲却每天要我打电话给三哥。当医护人员没把事情做好时，他就会对我破口大骂，骂得很难听。我心里非常不好受，常觉得很尴尬，心里有气，也很伤心。大庭广众之下，那么多人在看，我觉得很没面子。

我试着去为父亲着想：他下午还好好的，能去楼下散步，傍晚走去洗手间时却因腿没力气而跌倒，还被诊断为肺癌，我可以理解父亲内心的感受。如果换成是我，我也一定无法接受这个事实，也一定会非常愤怒、伤心，想要发泄。当时决定好好地调整自己的情绪，然后继续陪伴父亲。

可是医院因某些原因，临时无法为父亲动手术，在凌晨一点多要将他换去私人医院，父亲因为医生一再地拖延手术，脾气变得非常暴躁。他应该很担心和害怕吧，毕竟医生说过，如果再不动手术，他就有可能半身不遂。在私人医院的急诊室等候病床的那段时间，父亲不停地对我破口大骂，很多难听的话都骂了。

当时小弟也在，他叫我去外面，让他面对父亲。我一走出去，身体就不停地颤抖，眼泪也无法控制地一直流。那是我第一次体会到，原来当神经无法受控时，就是这个样子的。无论我怎么做，我的身体就是不听使唤，一直抖个不停，眼泪一直流。医护人员看了我的情况，可能是可怜我吧，当下就给了我们一间双人病房。

因为不想让父亲看到我那个样子，在他被推进病房的那段时间，我很棒地控制了身体和眼泪。可是在将父亲安顿好，走出病房的那一瞬间，我就双腿无力地蹲坐在地上了。我不想其他人担心，或让他们看到我哭的样子，我很努力地把眼泪控制住了。

父亲在医院待了一个月左右，医生一再地要求将他换到临终关怀中心，但我决定把他带回家照顾。在医院的那段时间，父亲对我的态度有了转变。他不再一直要求哥哥去医院，反而我一天没去，他就会问其他人我为何没去。他虽然没有对我说，却常跟护士长提起。他其实很担心我，担心我几时才能找到个伴。父亲从来都不曾跟我提过。

我也慢慢地发现，当别人要求他做某些事情时，他有时都不听从。比如，他半身不遂，躺在床上太久，背后有一个跟手掌一样大，又很深的褥疮，如果我在家都是我帮忙清理换药。如果我不在，他就不肯让其他人换。当我知道后，好好地跟他讲，他就愿意配合了。我心里想，那么坚强、爱面子的人，竟然得让子女帮他清理大小便，内心会有多难受啊。父亲也记得我几时飞回来，而且一直记得。我看到了父亲的转变，心里其实很开心。可是就当我跟父亲的关系变得更好时，他竟然在我不在家时，突然过世了。

过世的前一天，他精神很好，我带他到医院复诊后才放心去上班。当天姑姑还跟我提议，要我考虑把父亲送去临终关怀中心，让专业人员照顾。我还跟姑姑说不可能，如果有必要，我已经打算跟公司申请无薪假期，在家照顾他。没想到隔天下午，他就突然过世了。我当时人在马尔代夫，回家最快的班机在十五个小时后。我一再在电话里跟母亲说，绝对不可以在我回去之前把父亲的遗体放进棺材，我一定要见他最后一面。

父亲被移送进火化场后，我晕倒了。之后也发现，我会突然怕黑，晚上也无法睡，只能躺在床上紧闭双眼，直到听见母亲起床，我才敢睁开眼去洗手间。那一段期间，我突然患了短暂的哮喘。

父亲过世，我内心有很多不同的情绪，也有很深的内疚感。我心里有纷杂的画面：我数天连续在医院照顾父亲，可是他心里只有三哥；如果医护人员做错或做得不好，他就拿我出气。尤其有一件事一直盘旋在我心头：有一天我有点累了，也许有一点任性，因为我天天在医院照顾他，就心想隔天是星期日，哥哥姐姐都休假，应该轮到他们去照顾父亲。我想休息一天，星期一再去照顾他，可是我没想到那天晚上他们也没去医院。后来我才想起那天是父亲节，也是父亲最后的一个父亲节，而我竟然任性没去陪他度过那一天，让他一个人孤孤单单的，在医院度过了他最后的父亲节。

我气父亲在医院对我的态度，对我的不信任，更气父亲在我们的关系变好时突然离开，没让我见他最后一面，好好地道别。我也有很多对自己的生气。我一直很努力面对这一切，也做了很多来整理我的情绪。我知道我已经尽力了，也比较释怀了，可是我也非常清楚，自己并没有完完全全地放下，因为每当我聊到父亲时，眼眶不由自主地就泛泪。我也不知道我还能做些什么，直到我认识了阿建老师。

阿建老师第一次来新加波演讲时，因为大哥的关系，我认识了他。当时老师在培群小学演讲，我聊着聊着，不知为何就提起了父亲，我忍住了眼泪。老师观察很细致，当下就问我说："你为什么流眼泪？"被老师这么问时，我有些不自在，还跟老师说，没有啊，我已经做到了啊，我觉得我已经放下了。

当时我有些许的抗拒，而且觉得老师好烦，好讨厌。因为他让我去面对内心的感觉，可是开始我就没有感觉，也不知道怎么做，他只是要我去感受。后来我才慢慢地做到了，却很不容易。老师给我布置了一些功课，教我如何去面对并放下。

阿建老师也跟我说，我们都会有情绪。在那种情况下，若是有人感觉到累，我会允许那个人休息吗？我会责备那个人吗？我想，若是我能允许，也不会责备那人，那么我为何会自责与内疚呢？父亲节那天我没去陪父亲，可是父亲生病时，我一直陪伴父亲。老师问我，父亲会理解吗？我想，父亲应该会吧。

老师要我好好地跟父亲做个告别，我对父亲说，我不再气他了，要父亲安心。我记得那过程中，我的眼泪一直流。可是之后，有一种很妙的感觉，整个人好像变得更放松，心里也比较好受。

在那之后，我时常用老师教的方法来面对我情绪上的问题。后来也上了其他老师的萨提亚课程，持续在课程里学习处理跟父亲相关的问题。印象最深刻的就是2013年10月去台湾，上了玛利亚·葛莫莉老师的课，得到葛莫莉老师的特别关照。她破天荒地在小组讨论的时候，把我带离小组，一对一地晤谈。她说她在工作坊的时候不曾单独带领过学员，我是第一位，我非常感谢葛莫莉老师。

刚开始，我也觉得葛莫莉老师的态度跟课堂上的感觉不一样。和刚开始遇见阿建老师那时一样，我有点害怕。葛莫莉老师坦白地对我说，她对我非常严格，因为她希望看到我变得更好。她让我学习如何好好爱自己，别总是把别人放在第一位，之后才想到自己。就算对母亲也是如此，要我学习如何说不，懂得拒绝别人的要求。

无论如何，我非常感谢阿建老师，让我认识萨提亚，协助我解决问题，我学到很多，也能够更好地去帮助其他有需要的人。

孩子犯错了，
谴责孩子是最不重要的事

◎林业生基金会课辅组长　刘家杏

来到中区儿童之家从事课外辅导业务后，最常面临的一件事，便是孩子们以凶狠的吼叫、崩溃的泪眼、尖锐的言语猛烈攻击辅导老师，这几乎发生在每个补救教学的夜晚。孩子们长期在缺乏学习动机、自我认同、信任关系的环境里成长，辅导老师很难不成为"众矢之的"，成为受创孩子们发泄情绪、嘲弄挑衅的对象。于是在这里协助孩子们解决课业问题时，必得先与孩子"建立关系"。然而一个个经历家暴、遗弃……的孩子，如何愿意与"讨厌的大人"建立关系？

面临危机四伏的教学现场，老师们以往工作时总是"一身武装"——不轻易显露自我情绪、以严厉的目光注视孩童的一举一动、不断地调整班规防范各种层出不穷的行为问题……

然而这一切"上紧发条"的"发愤图强"，让师生关系更加剑拔弩张、雪上加霜，孩子们的"隐学疾师"越发严重了……

有天我逛网络书店时，发现崇建老师的《麦田里的老师》这本书的简介写道："孩子的问题，大部分都在大人身上。大人先整理自己的内在，孩子的问题就解决一大半……"这段简介牢牢地抓住了我的目光。于是我立即购买此书，并在书中发现"萨提亚冰山模式"相关信息，开始在闲暇时阅读《萨提亚成长模式的应用》《大象在屋里》《越过河与你相遇》等书籍。我也主动向基金会执行长提出邀请崇建、瑶华老师，来向我们传授如何运用萨提亚心理沟通、应对姿态、家庭重塑等辅导原理，开发团队的"内在能量"。

就在这样美妙的机缘下，孩子天使与魔鬼交映的脸庞，逐渐不再那么令人胆战心惊、举步维艰。

在保育老师口中，小榆是出了名的"人小鬼大""满腹坏水"，她惯性偷窃、说谎、栽赃……成绩却名列前茅。九岁的她，这一夜泪眼婆娑、咒骂不绝。她在数学课堂上和另一个说话慢吞吞的小女孩，为了一支被偷的自动铅笔吵了起来，闹腾得课程无法继续。数学老师只好选择将两位当事人"驱之别院"，暂时交给我看管……

记得我初进儿童之家课外辅导班时，常常面对来自各年龄层孩子们的"眼泪攻势"，那声声出自强烈自我防卫的凌厉哭喊，仿佛在一瞬间成功绑架了所有人，不容你片刻动弹，不许你冷静思考。于是我以更凶狠、更严厉、更残酷的声音或动作，试图压制这一场混乱，宰控汪洋里迷失的方向秩序。尽管尾随其后的短暂宁静，只不过是下次更大风暴来临前的轮回序曲。

这一晚，再度来到风云诡谲的一片苦海前，我迅速调整好个人姿态，暗中深呼吸两到三次，心中默念萨提亚心理辅导中的圭臬——"联结渴望能跨越一切行为问题"，我蹲低了身子，第一次稳健地告诉自己："不要急着抓出小偷！不要压抑孩子的眼泪……"

个性腼腆的大舌头女孩，首度在几乎没有缝隙的狂烈指责中挣扎而出："老师！我……有……证人！她……她偷拿……我的……笔！"她委屈愤恨的泪水再度溃堤。小榆见势更强烈地回击："去叫啊！去叫啊！我也有证人！你再乱说，给我试试看！"

面对两个女孩面红耳赤下的连珠炮与泣不成声，我首度听见自己稳定的呼吸，发现自己有能力伸出手来，轻轻握住两个颤抖不已的小拳头。孩子们对于我的温柔碰触有点讶异，高涨的情绪竟然缓缓下降。停顿了一会后，我以平稳的眼神、清晰柔和的声音探向两个孩子，对她们说："你们说的话都很重要，老师都听到了，老师很谢谢你们，愿意勇敢地把心里的想法告诉我，现在这支自动笔先由老师保管好吗？"两个孩子默默点头。这时小榆提出她的作业都还没有完成，她想先回去写功课，我答应她了。

留下的小柔忍不住又轻声啜泣起来："老师，那个……真的是……是我的笔……她偷拿……我没有……没有骗你，你可以问×××……他有看到……"

我轻轻牵着孩子的手，稳定她的情绪后，专注地看着她泪流满面的小脸，尽量以稳定不讨好的态度对她说："笔被拿走了，很生气、很难过是吗？"

孩子激动得泪落如雨。"老师知道你很难过、很气，我会在这里陪你，不管发生什么事，老师都会陪你。"孩子又哭了好一会儿，我就坐在她身旁陪着她。待她情绪较为稳定后，孩子被老师带回去先写作业，于是我请写完作业后的小榆来到我身旁。

　　小榆默默坐在我身边，一句话也不说。停顿一会儿后，我打破沉默："谢谢你，写完很累人的功课后，还愿意来老师这里。你愿意告诉我这支笔是谁的吗？"小榆两眼下垂，左右手不断搓着，迟疑了一会说："我不知道它是谁的……"

　　"谢谢你愿意告诉我，被人说是小偷的感觉是不是很不舒服？"我缓缓试探孩子，孩子的手搓得更剧烈了，眼神依然下垂……

　　我请小榆注视我："不管发生什么事，老师爱小榆，这不会改变，但是没有经过别人的同意，拿走东西是不好的，老师不会赞成学生做这种行为。"

　　小榆小小的肩膀开始耸动，有泪珠从下垂的眼里出现，一颗一颗敲击着她小小的手背。

　　"老师拿走你铅笔盒里的笔，你会难过吗？"

　　小榆摇摇头，带着眼泪说："它本来就不是我的笔。"

　　"那是小柔的吗？"小榆点了点头，又垂了下来。

　　"那你愿意私底下把笔还给她吗？"

　　小榆收住眼泪，又点了点头。

　　"你刚刚很伤心，现在却愿意把笔还给小柔，真的很不容易。我觉得你很勇敢！"能言善道的小榆，却在此时默默地又泛出泪光。

　　这一夜，小榆的眼泪很珍贵，我也从教师被孩子情绪绑架的窘境中解脱了，感谢"联结渴望能跨越一切行为问题"的宝贵提点。

害怕上课的背后，
是在向你求助

◎中国台湾新竹市私立研田幼儿园园长　郭元蕙

　　女孩没有完成暑假作业，不敢上英语课，在转角处哭了一个小时，后来被邻居发现了。我知道这件事后和女孩子谈话。

　　我问："我听母亲说，你今天没去上约翰老师的课啊！你还好吗？"

　　女孩说："因为我没有写作业，我很害怕，怕会被骂，所以我就不敢上去。"

　　我问："你说没有去上课，是因为害怕被骂吗？"

女孩说："嗯！很害怕。"

我问："你可以和害怕相处一下吗？"

女孩说："嗯！"

我问："除了害怕，你还有什么感觉吗？"

女孩眼眶泛红地说："难过。"

我问："你深呼吸一下。当你觉得害怕还有难过的时候，你怎么做呢？"

女孩说："我躲在别人旁边。"

我问："你说当你害怕还有难过的时候，你选择不去上课，然后躲在别人旁边是吗？"

女孩说："嗯！"

我问："躲在别人旁边的时候，你有什么感觉？"

女孩开始哭泣，说："我觉得很孤单、担心、沮丧。"

我问："对于选择躲起来，你怎么想呢？"

女孩又哭了，说："我觉得我很不认真，不专心上课，作业也没做。"

我说："你先深呼吸。你说作业没做，上课不专心，所以你觉得自己是个不认真的人，是吗？"

女孩说："嗯。"

我问："你作业每次都没有做吗？每堂课都不专心吗？"

女孩说："作业有些会的，我写了。上课我听不懂，所以就不想听，我就去想别的事。"

我问："作业中你会的部分，你都完成了，是吗？"

女孩答："是。"

我问："那你是怎么完成的？"

女孩说："我写得很整齐。"

我问："写得很整齐，算是认真吗？"

女孩想了想，说："嗯！应该算吧！可是，我还是没写完啊！我上课还是不认真呀！"

我说："我曾经好几次看到你拿作业去请教米琪老师，以及方方老师。我也曾看到，你在英语课上积极地举手回答问题。在拼字比赛时，我也看到你快速地抢答。有这些事吗？你回想一下。"

女孩想了一下，说："嗯！有这些事！"

我说："我有看到你努力还有认真的部分，那你怎么看呢？"

女孩停顿思考了很久，说："嗯！我也有认真。"

女孩眼眶泛红着说："谢谢！可是，我上课还是听不懂。"

我问："你上课的时候听不懂，那听不懂的时候，你怎么做？"

女孩说："我就开始去想别的事情了，因为我会觉得很无聊。"

我问："课堂上当你听不懂的时候，你会跟别人讲话或吵闹吗？"

女孩说："没有！因为老师会骂人。"

我问："那当你听不懂的时候，你有举手发问吗？"

女孩说："没有，问了也没有用。就算问了，老师会用英语再解释一次。可是，我就是听不懂英语啊！"

我问："你的意思是说，你不懂，是因为用全英语解释例句的关系吗？"

女孩说："是。"

我问："那你的暑假作业没有做，也是因为题目全是英语的吗？"

女孩说："是，我根本连题目也看不懂。"

因为时间到了，我要去上课了，我打算结束对话。

我说："我很欣赏你。即使在课堂中你听不懂，你还是安静地上课。虽然你在想别的事，但是，至少你没吵到别人。对于你会写的作业，你也很整齐地完成了。关于英语课听不懂，我还是建议你去告诉约翰老师。我不知道约翰老师会怎么做，可是，至少他会清楚地知道，你对于'全英'的不理解。你也至少诚实地表达你自己的想法了。我现在必须要去上课了，下次再跟你谈好吗？"

女孩想了想，说："嗯！好，谢谢。"

女孩回头抱了我一下。

正面引导，让孩子看到
"闪光点"后更乐学

◎耕读园创办人　梁慧瑜

　　一次偶然的机会，我认识了李崇建老师。看过阿建老师《麦田里的老师》，也亲临过他的教学现场，观察他与学生互动的过程。让我留下最深刻印象的，就是他如何正面地引导和赞赏孩子。

　　2014 年 8 月阿建老师来新加坡，开办一堂创意写作课，对象是一群小学三年级至初中一年级的孩子。那堂课安排在星期天的早上进行，孩子们本可以在家休息的，当天却"牺牲"了周末时间上语文写作课，估计是家长为他们报名参加的，所以孩子们心里或许会有点不情愿。课一开始阿建老师先和孩子互动，赞赏孩子们愿意在美丽的星期天早晨参加写作课。接着他以极具互动性的方式，与孩子们分享他的个人经历，借此进入正题，引导他们进入当堂课的写作主题。

整个讨论和互动的过程非常有意思，每个孩子的反应充分彰显了各自的性格，而老师也总能正面地引导和赞赏他们。当有性格比较外向的孩子，大声地说出一些夸张或搞笑的话语时，老师会赞赏他的创意；当有性格比较内向的孩子，面对老师的提问始终无法做出任何答复时，老师不会勉强他一定要说出答案，反而对他愿意思考问题的努力表示赞赏。

在进入正式写作之前，阿建老师跟孩子们说了很有意思的一番话。他很坦白地告诉那群孩子，接下来要进入写作的环节，而在完成这项任务的过程中，他们可能会遇到一些困难，但老师请他们不要因此而停止写作，大胆地写，不需要在意对错。而且最重要的是，老师会一直陪伴着他们，若遇到任何问题，老师会提供帮助。老师的这一举动，是为了让孩子感觉安全，让他们能够在没有压力的情况下尽情发挥，得到发展。老实地把现实告诉他们，也表示希望他们能够勇于接受挑战，过程虽然辛苦，但老师会陪伴着他们，协助他们。同时，老师愿意接纳他们会面临的状况，接纳他们会遇到的困难，让他们不会因挫折而被困住。

说完，孩子们便开始埋头写作了。这时，阿建老师发现有个女孩迟迟未动笔。他走到那女孩的身旁，轻声地鼓励她，再次强调老师会陪伴着她完成这项任务，让她放心地写。其间，阿建老师不忘提醒孩子们还剩下多少写作时间的同时，适时地加入一些鼓励性的话语，赞赏他们能够如此专注和用心地写作。

最后，那个女孩还是没有写出任何内容。尽管如此，阿建老师还是对她的努力表示了肯定，而且是在她身旁轻声地对她说，在场的其他同学根本不知道发生了这么一回事。

阿建老师在《麦田里的老师》一书中有提到，正面反馈绝非虚假地回应，也非随意赞美。其目的不是讨好孩子，也不是敷衍孩子，虚伪地跟孩子说"好棒哦！"，因为这无助于孩子的成长。"鼓励"与"赞美"，若只是从表象层次出发，比如名次、表现与结果，无形中把孩子导向注重成绩、无法接受挫败的结果，将使孩子不敢面对真实。正面的赞美和表扬，一定得针对孩子的努力。在这一次的写作课程中，那个女孩确实很努力地思考该如何写作，但碍于对自我的要求过高，不容许自己犯错，不敢大胆尝试，所以一直在那儿"苦苦挣扎"。但阿建老师并没有给她任何的压力，甚至还赞美了她的努力，我想，这是一般课堂上罕见的情况吧。

由于孩子们所写的文章篇幅不是很长，所以阿建老师很快地一一点评。在点评的过程中，阿建老师把焦点放在发掘孩子们文字中的那些较有创意，或是描写得较为细腻的文字上，找出他们作品中的"闪光点"，借此让孩子们看到自己的优点，进而扫除他们认为自己不会写作或作文很难写的心理障碍。同时，这一举动也能让在座的其他孩子吸收来自其他同学正面的"文学养分"，让自己得以提升。

整堂课长达三小时，孩子们的精神都十分集中，也都非常踊跃地参与课堂讨论。而在阿建老师的正面引导下，写作课在充满着"正能量"的氛围中结束了。

像这样的师生互动模式，我最初是在阅读阿建老师《麦田里的老师》一书中接触到的。书中记载了阿建老师与他的学生之间所发生的一些真实故事，而他应对学生的方式，让当时身为读者的我相当震撼。渐渐地，我发现这样的方式看似简单，容易操作，但背后其实牵涉到教师本身对于教育的理念、对于孩子的包容度，以及最重要的，就是对自己内心情感的认知和掌控。再阅读书中内容，以及回想那天听课的诸多片段，我不断地问自己，如果换成是我，遇到同样的情况，我的反应会是如何？

我开始对我的教学，尤其是如何应对学生这一方面进行省思。我发现在教学的过程中，一旦出现在我计划之外的状况，内心最常出现的两种情绪便是焦虑和急躁。而且，教学经验越丰富，接触的学生越多，就更容易产生先入为主的观念，认为学生插嘴就是捣蛋、作业一直没写好就是不认真、讲了几遍还不懂就是无可救药。于是，课堂上经常会出现老师讲大道理，或者是老师不耐烦，然后责骂学生的场面。

我在批改学生作业和作文的时候，往往注意的都是学生的语病、内容、逻辑等问题，有时更会出现指责性的评语。在课堂讨论时碰到学生给了看似荒谬的答案，我有时只会应一声，然后就再次把问题开放给其他同学回答。在与行为出现偏差的学生进行对话时，我一般会以"超理性"的姿态与他们进行分析，讲一番大道理，没有真正地去尝试倾听他们的内心。

读了《麦田里的老师》之后，我意识到了不可以这样，于是我开始尝试改变。但很多时候，基于惯性，我又会不自觉地回到从前那样。我了解到，我需要先过自己的这一关，对自己的感受更有意识，才能调整姿态，进而正面地引导学生。

我也发现，可能是因为习惯总是从"找问题"和"挑毛病"这一角度出发，所以要从正面进行引导时，一是觉得尴尬不自在，二是感觉要找出优点好像要比找出缺点来得难。但经过几次的实验后，我看到了学生在我赞赏他们的努力后，表现出的那股干劲；在我找出他们文章的"闪光点"后他们眼中所闪烁着的光芒和流露出的自信；在我告诉他们"每个人的作文都能成为范文"时全班集体欢呼的场景。我更加坚信，一旦身为老师的我改变了，我的学生们也都会随之而改变，变得更积极向上，变得更热爱学习。感谢阿建老师给我的启发，让我立志做一个更好的自己，更好的老师。

我也非常欣赏阿建老师那结合心理咨询的作文教学法。他坚持突破套装作文教学法的窠臼，为学生的学习松绑，让他们大胆地写。他以故事作为作文教学的核心，让孩子们从听故事的人进而成为说故事的人，在老师说故事的过程中，以"开放""好奇""正面"的导向操作，邀请孩子们在聆听故事时参与发展叙事。阿建老师的教学方法给了我很大的启发，原来要为孩子们松绑是办得到的事！阿建老师让我看到了什么是真正的"乐学语文"。

回顾我教学生涯的六年里，我发现自己对于语文教学的理念、坚持和做法，都围绕着阅读这一块。我始终相信，增加阅读量、掌握阅读的方法，以及感受阅读的喜悦，这三者加在一起，就能让一个人的语文基础打得扎实又平稳。所以我总是在寻找课程以外的空隙，制造可以让学生阅读的机会。

我深信一个以阅读为核心的组织，能为新加坡目前的语文教育的大环境注入新元素。同时，我们也坚信，我们的理念能够改变语文教育目前的窘境，开拓语文学习的新方向。

好的环境，堪称孩子成长的第三位良师

如何构建一个利于孩子
健康成长的教育环境?

　　建构一个妥善的教育环境，首先要有意识地建立主体文化。无论是公司、工厂、学校、办公室、班级还是家庭，都不可忽视团体的文化，这是因为文化的建立与养成，是检视一个团体迈向何方的重要因素。尤其教育环境更是如此。

　　文化存在于生活的周遭，却常让人忽略其养成。不同的国家、民族、地域，不同的学校、家庭，使人的养成拥有特色，偏向某种集体特性。这样的说法，不是指某一个环境中养成的人一定有固定的性格或习惯，而是指出环境对人的影响。

　　如何觉察、思索与创造一个好的文化呢? 当我成为团体中的一员，觉察自身处于何种环境，可以养成我们的习惯、个性、观点与应对方式。更进一步思索，我们可以创造什么样的环境，让一个人更加健康、自由、有力量，更有竞争力、趋于向善、好学，更有耐挫力、热爱阅读、懂得珍惜呢?

这个环境的养成，便是一种文化的塑造。因为文化是一种氛围，一种具有感染力的态度，在有形与无形中，教化、教养、教育了人们的思维、行动与生命体。

从家庭与学校，审视文化的感染力，不难发现一个有趣的现象：

同处于一个家庭的成员，若是父母行事过于急躁，说话语句偏快速，经常大声，甚至脸红脖子粗地说话，孩子有较高比例拥有同样的性格；若是父母不拘小节，性格开朗乐观，孩子也较容易乐观；若是父母谨慎守规矩，孩子性格谨慎、焦虑的可能性也大增；若是父母好打岔，谈话不能聚焦，孩子也比较容易浮躁不安；若是父母将阅读视为家庭固定活动，孩子长久地在这样的阅读文化中成长，喜欢阅读的比例也较高；亲子之间塑造出平等的谈话模式，孩子也容易以相同的方式与人对谈。

一个学校带来的文化养成，也有明显的轮廓。一群十六岁的学生，吃饭时背脊挺直，坐三分之一板凳，立正时双手贴紧大腿，回答问题时常说："是！"不难猜出这是军校的学生；一群十六岁的学生，开朗地笑闹，以"good morning（早上好）""bye（再见）"……英文对谈，他们极有可能来自双语学校；若是男孩长发飘逸，衣着不拘小节，甚至穿着凉鞋出席公共场合，谈论内容夹杂着哲学的辩证，极有可能是私立学校的学生。学校创造的文化条件，养成了学生的言行表现。

观察一个国家，甚至一个城市，当地的人整体是较趋于乐观，趋于急躁，还是趋于寡言，很可能是受到地理环境、人文环境的影响。这些塑造了人文气息的因素，也可归类为文化。我年轻时读杨牧的诗《延陵季子挂剑》："谁知北地胭脂，齐鲁衣冠／诵诗三百竟使我变成／一介迟迟不返的儒者……"可知中国北地的文化有别于南方的文化，养成了某种习惯与生活方式。

在尚未全球化的年代，人们常就国家而言，说美国人和日本人的个性有何不同；就一个国家中的地区说，山东人和广东人各有什么性格，东京人与大阪人如何辨识。就算在中国台湾内部，不同地区的人也会有分别，大家都觉得台北人和高雄人很容易区分。显然不可能这个地方所有人都有这个特征，因为人的养成有复杂的因素，但的确一个地方的人有某种共同的气息可以与其他地方的人进行辨识。

我将这些观察置入文化的脉络中检视，思考是什么因素决定了文化养成。共性的行动、法律规范、对人和环境采取的应对姿态，是文化养成的条件。

孩子是望着家长的举止长大的

回头看看自己所处的家庭与学校，是否有特定的习惯、特别的观念与气质？

比如有家长向我抱怨，孩子还不会赚钱，却都要用好的东西，吃好的食物，鄙视廉价用品。孩子是从哪儿学来的呢？原来孩子的家长出入开名车，定期吃大餐，穿戴使用名牌，常常评论物品好坏，将品味化约于"物质"的金钱。家庭中早有这样的"高"品味文化，孩子自然浸染了此种气息。或者，家长对于名牌、"好"东西的价值，经常挂在嘴上，流露于神情中。

家长问我："为什么孩子经常不能专注，说话时顾左右而言他，散漫而不经心？"

孩子出现此种状况的原因很多，有时却有迹可循。当父母亲向我提及这个问题时，父亲边敲着键盘边和我说话，母亲说话却从不注视我，一双眼睛总是看着其他地方。小孩子在此种交流环境中长大，受家长习性的影响，养成说话跳跃的习惯，又如何要求孩子学会专注地倾听与交流呢？因为父母也不能专注，或者父母对孩子过于严格，经常和孩子讲道理，孩子的心早已在交流的当下逃离现场，学会以不专注逃避压力，创造了如此应对的孩子。

有的家庭，孩子不喜欢吃正餐，或者爱口中含饭。细究之下，孩子常有吃零食习惯，或者父母也嗜吃零食，孩子因此养成不喜欢吃正餐的习惯。有的家庭三餐时间不固定，孩子一旦外出求学，饮食也不会很规律。

又比如，孩子重视节日，对生日、年节与纪念日都极为重视，通常是从幼年开始，家庭养成了这样的习惯；孩子外出吃饭，稳当地坐着，必定以公筷母匙夹菜盛汤，多半也是家庭教养而来；孩子张口吐痰，垃圾随地丢弃，也多半从家庭养成……这些从家庭学习而来的仪式、规矩、习性、态度，我都归类于家庭文化的养成。

如何为孩子考察学校的特色文化？

近年来，特色学校受到推广，为满足孩子多元学习需求，学校开展丰富的教育活动。人文、品格、环境、学术与才艺，如何认定哪些是学校的特色？孩子的身上可以显现出这样的特质吗？孩子们也认同这些气质吗？教师群是否也展现相同的气质，并乐于推动学校标举的特色文化？

我通常从更细微的地方去检视学校呈现的文化，尤其从观察学校教师与学生着手，审视学校打造了什么样的文化。比如，教师团队呈现出来的气氛、对话与态度，常呈现出学校的文化，显然也与校长带领的风格有关。

在我执教的写作班，我发现某些孩子书写极为优秀，上课较乐于讨论，这些孩子竟然大多数来自同一学校。细问之下，这与学校推行阅读与书写，并长期发展社群团体密切相关。然而文化的养成，并非单一推行某种活动，或是强调某些标语，得几个奖项即可，须时时检视核心价值如何落实。

比如某一学校推行品格教育，大部分学生却觉得老师很不友善，动不动责罚学生，学生心中有愤怒也有抱怨，品格教育可能流于形式。比如强调民主、人本、自然的学校，学校对待家长、教师却专断强硬，其态度显然已经表露学校的文化与标榜的文化特色背道而驰。

看家庭与学校文化如何影响我的成长

我成长于多数的家庭忙于维生的时期，家庭结构与重视的价值观与现今相去甚远。最常听见的家庭教育方向，不是"零体罚""重视亲子沟通""重视休闲时光"，而是"棒下出孝子""认真读书""赶紧帮家里干活"。在我成长的环境中，父亲偶尔会打骂孩子，不允许孩子顶嘴，要孩子好好念书。

我的家族世代于山东务农，直到曾祖一辈才受大环境影响，改变了生活的方式。曾祖父是前清秀才，其后留学日本帝国大学博物系，二叔祖毕业于北洋大学数学系，四叔祖则是武举人，祖辈仅三叔祖务农。

曾祖父早殁，身为长子的祖父弱冠当家，据说脾气暴戾，常饮酒大醉，动辄胡乱发脾气，致使父亲少年早早地离家，不愿意久居家中。但祖父熟读古书，又精通算术，每逢旧历年，邻人必来求对联，买卖田产亦求助祖父。1949 年后，父亲跟随流亡学校辗转至台湾，祖父带着稚龄的大哥远走陕西。为谋生之故，祖父自力学习医术，曾任医院院长。

我列出曾祖父乃至祖父的背景，想凸显父亲传承自祖辈的文化，对身为子女的我们的文化养成，也产生了影响。我们四兄妹皆喜好文学，应非仅基因使然。

父亲是山东流亡学生，历经澎湖七一三事件，并被送往火烧岛当伙夫之后，又考入军校，再考入师范大学，成为语文老师。母亲陆续生下我与弟妹四人，对孩子自然有所期待。从我年幼时，父亲便领着我背诵《论语》《朱子家训》《三字经》等童蒙经典，只是我顽劣不堪，从未认真熟读。我们这四个孩子功课更是一塌糊涂。

如今我们四个皆已成年，三个孩子从事文学相关工作，皆曾出版文学作品。三弟虽从事信息行业，但亦毕业于外文系，平时也喜欢阅读文学作品，初中时期便写过武侠小说自娱。我认为此与家父塑造出来的家庭文化相关：父亲热爱书写，喜欢绘画，经常文学书籍不离手，春节必定亲手书写自创对联，常和我们谈论历史与文学，很少与朋友往来，并且从不轻言放弃。

我的爱好和选择深受父亲，或者说家庭文化的影响，我不喜欢过生日，不喜欢与人交往，但是喜好辩论，喜欢文史哲学，不轻言放弃，最后走上教育与文学之路。

那么，当时我就读的学校给了我什么文化养成呢？

我出生于 1967 年，整体的社会环境肃穆，呈现的文化价值单一，除了某些学校发展音乐、美术、竞技与学业特色，一般学校的文化大同小异。当然，也有风气开放的学校，如建初中学与新竹中学，培养出众人津津乐道的学生特质；也有教会学校，呈现宗教的节制、仪态、端庄与仪式性，学校的学生在气质上也流露出与众不同的味道。

我的小学乃至高中，自我感觉与一般学校无异，因为不知道其他学校有何不同。但细究我所就读的两所台中市小学，其实有显著的差别。1970 年的建功小学，在学生管理与教学上较偏向日式风格：学生上下学规定要排路队，路队以邻里为单位，编制严谨而有序；教师管教也严谨，规矩甚严，体罚甚为普遍；学生在课堂较少发表意见，课业表现较出色；同学之间容易向老师打小报告，甚至主动献上体罚的藤条、木板与铁尺等"刑具"给老师。五年级时我转至军功小学，学生人数虽然少了三分之一，但规矩也减少许多，学生比较活泼，下课时间进行的游戏也丰富多元。学校虽重视课业，但老师似乎鼓励，至少不反对社团活动，学生在课堂上发言积极。

我在建功小学就读四年，从未参加任何竞赛，下课除了打闹之外，就是吊单杠、骑马打仗、跳房子和玩自制的儿童玩具，比如沙包、竹片、酒瓶盖、风筝、风车等，或者做些无名游戏，这些游戏的玩法可能都是孩子们自创的。

五年级转至军功小学，让我视野大为转换，课间二十分钟常有班际大队接力比赛，学生分成数十组利用空地打棒球，甚至组成小马棒球社团，其余游戏与建功小学相仿。但我除了打棒球，还参加朗读、阅读、书法与演讲比赛，更代表学校参加台中市竞赛。两校风气与强调的文化不同。

我后来考上东海大学中文系，这个学校与科系给我的影响，至今都不断地影响着我。当时是 1989 年，大环境正值解严不久，东海的环境开放且具有人文气息，无论花草树木、建筑，还是丰富的科系与老师，都给我丰沛的滋养。当时的系主任吴福助先生，热心推广文学活动，鼓励每个班级创办刊物，建置中文系的文学奖项，使得中文系每年级的五十余个学生，大部分都参与，并且热衷创作。同窗好友甘耀明甚至在毕业之后，自费创办了文学性刊物。我的前后一届的同学，除了我长期投入创作，尚有多人亦长期如此，我将这样的结果归因于学校与系里的文化养成。

孩子身上很多问题，
根源于文化环境的弊端

孩子在家爱看电视、打游戏，家长要审视自己的家庭生活：是否自己也常看电视？是否太忙碌，放任孩子与网络游戏为伍？我常建议父母：减少玩手机、玩电脑、看电视的时间，多抽出时间进行亲子间的互动与分享。

孩子不喜欢读书，家长应思索：自己是否经常阅读？是否抽空陪伴孩子阅读？我会建议：若是孩子还未满十岁，建议家长每周至少抽出半小时，与孩子共同阅读一本书，或者给孩子讲讲故事。

孩子总是负面思考，经常抱怨，家长是否也总是负面地应对？比如以指责的方式应对孩子的行为，无法找到孩子的正面资源，经常对孩子抱怨呢？家庭的分享是否总说负面的故事？比如家人受到谁的迫害，家族充满不幸之类的故事。具体的建议是：减少抱怨与指责，多说正面的故事。

如果孩子不能专注，家长是否做到专注地和孩子对话了呢？还是只是教训与指责？虽然不专注成因甚多，但我建议：每一次说话时，尽量保持专注与语气平稳。学龄前的孩子，放宽界限，让孩子们感官有驰骋空间，并且说话时减少指责与打岔。如果孩子动辄发脾气，家长要检视省察自己：如何处理自己愤怒的情绪，是否压抑，是否以情绪控制孩子？

…………

上述问题，是家长常向我提问的教育问题。

但教育最大的困难，是当事人较少意识到问题的根本所在，常只是想要解决表面的问题。表面的问题持续无法解决，常因为问题的根源在文化，因为文化非旦夕形成，常常是"冰冻三尺，非一日之寒"。只有深入探索家庭文化的养成，才能发现问题的由来。

因此我常请家长觉察，重新选择对待孩子的方式，并且意识自己的家庭习惯，进而建构优质而良善的家庭文化。

然而文化养成的因素众多，家庭或学校如何有意识地建立好的文化？

无论是一个积弊已久的学校，或者是陷入混乱的家庭，还是一个刚刚建立的新学校，或者才要组成的新家庭，我认为都可以有意识地，从具体、可落实、恒常的实践过程中，逐步建构文化的根基。如同修筑一栋建筑物，从建材的选定，框架的搭建，到建筑物成形，都是有一个过程的。

我有几个建立文化的建议，可以供大家参考。

◆ 建立仪式性的活动：比如家庭睡前说故事，吃饭前学习感恩，生日时送上简单而庄重的祝福……学校上课前的起立敬礼，静心一分钟，清晨阅读十分钟……

◆ 固定的好习惯：比如周末骑脚踏车，每周阅读，规律的就寝时间，正餐之外少零食，不说粗鄙口头禅，不沉迷电脑、电视……

◆ 父母、教师带领孩子有意识地开展日常活动：散步、旅行、喝茶、吃饭、对话……学校进行学生活动，学生讨论会，和谐的课堂……

◆ 建立孩子的舞台：家庭中的成员各有绝活，比如有人善于堆积木，有人善于弹钢琴，有人善于组织讨论……学校定期组织学生进行文艺展演，比如戏剧、武术、街舞、舞蹈、音乐、演讲……

◆ 说正面的故事，文化靠故事延续：家庭多分享个人、祖辈奋斗的故事，分享家人诞生、受珍重、爱的故事。学校借由故事传达学校的文化，有意识地传承精神。

故事是人类延续文化的重要形式。同样的故事使用不同的角度、不同的态度、不同的说法，为人类带来不同感觉、思维与行动，更积极地说，可能会改变我们看待自己与世界的方式。

我们不妨检视：自己的生命中有什么重要的故事？甚至自己的国家、民族、家族有何故事，塑造我们的信仰、历史与行动，甚至主宰着我们的命运？是受伤的、愤怒的、悲情的，充满负面情结的？还是愉悦的、幸福的、美丽的，充满正面力量的……

当我们生命里的故事遇到外界不同的故事，会碰撞出什么样的感受、观点，碰撞出什么样未曾满足的期待？

正面的故事就如同罗森塔尔的实验，让人们活在正面的信息里，创造出正面的人生。

◆ 持续地进行：

想要建立有文化的生活，必须具体落实有意义的活动、良好的习惯与说话的方式，并且要长期且有意识地进行。但是在家庭与学校中，落实这些文化素养的细节时，一旦收不到成效，或者被旧惯性吞噬，便会停止进行。如此一来，坚实正面的主文化便无法建立起来。

我常举日常发生的例子：家中孩子晚睡，很可能父母也习惯晚睡，也许是从哪一天开始，父母习惯性地晚睡，孩子就渐渐跟着晚睡。当这个文化被建立以后，想要改变这样的习惯，要比建立那样的文化困难多了。

如果家中的成员有吃夜宵的习惯，可以思索，是谁开始吃夜宵，并且持续下去的？若是家中曾有吃夜宵的习惯，想要变成不吃夜宵，要如何持续进行？若是在戒断夜宵初期，没忍住又吃了一次，经常会无法继续戒断，因而形成家中难以改变的文化。

我家中十多年来有一个习惯，也许可以视之为文化的养成：每周六全家人一起到餐厅聚餐。

因为时代的因素，父亲生下我们这群孩子也晚，当我迈入三十岁时，父亲已经超过七十岁了。家中兄弟姊妹经常在每个周末返家，和父亲聚在一起吃晚餐，多半由母亲掌厨，手足轮流在厨房帮忙。但是随着时间流逝，母亲年事已高，掌厨也太操劳，要她不掌厨，她心里又觉得不习惯，因此我决定每周末带全家人外出上餐馆聚餐。

家父向来勤俭，甚少到外头用餐，甚至反对日常花钱到外头聚餐。我们遭到父亲的反对，他觉得在外头吃饭浪费钱、太贵、不卫生、不好吃、不健康……

我记得当初面对父亲的抗拒，只是幽默以对。要父亲留在家中吃饭，我们陪伴他用完餐，再带母亲与弟妹外出用餐。父亲当然不愿意，只好跟着我们外出聚餐，但一路上唠叨，餐桌上也不停，吃完饭还不忘数落一下。这样的情况持续了好几个月的时间，父亲虽然偶尔抱怨，但是已经成了家中的习惯：每周末全家外出聚餐。

近几年来，若是我太过忙碌，周末无法带着家人上馆子，父亲还会告诉我："全家人每周在外头吃饭，是很重要的事情。"若是我无法成行，父亲还会主动邀约弟妹，由他们带着一起上馆子。每周末全家在外聚餐，成了我们家的一种习惯，也成了我们生活的一种方式。

规则是和孩子讨论出来的，这是家庭教养的关键

从国家、社群、学校到家庭，稳定的秩序是团体的基础，因此团体之中，需要所谓的法律、规则作为界限，让团体赖以运作。但团体里面的规则，最好清楚、简单、取得共识、合情理，并且能具体实行，规则才会具有制约与保护的力量。而执行规则的人，最理想的状态是一致性的表达，而非带着愤怒、指责、说教、讨好，或暧昧不明的态度。只有这样，规则才能健康地存在，发挥规则的力量，而不是沦为处罚、羞辱与教训的工具。

旧时的教育，教师执行规则但凭个人喜好，并没有具体的公约。教师经常依其喜好与经验，施行自己创造的规则，并且执行自己创造的处罚，这与当时的社会氛围有关。

规则如上课不准讲话，上课不准转头，不可不听话，不能不写作业，头发不能过长与过短，不能与异性交谈，不能穿不同颜色或长度袜子，不能讲某些话题，不能看故事书，不能……

每个教师的规则不同，也让学生莫衷一是，或者学会看老师的态度而有不同作为，规则沦为个人态度。

反馈规则的方式，除了本书介绍的四种应对姿态，处罚方式更是令人叹为观止。我曾经在上文学课程时，介绍诺贝尔文学奖小说家莫言的作品《檀香刑》，书中罗列处以极刑的方式，让人触目惊心且过程闻所未闻。事实上我幼年时期也经历过严酷"刑罚"。

我年幼的时候，常耳闻教师各种五花八门的"酷刑"，不只让人眼花缭乱，也令人瞠目结舌。我自己曾有的经验：挂着羞辱字眼的大牌子于胸前、被老师处罚拉眼皮、扯耳朵、藤条鞭笞、掌掴耳光、以教鞭抽打手背、教鞭抽打指甲、手高举放上水桶的椅子半蹲、跑操场五十圈。我也眼见同学，口耳鼻同时被罚抽十根香烟、举重物蛙跳百米、匍匐滚动身躯……当时的社会环境下，大部分父母都支持"严刑峻法"，甚至拿着礼物要老师狠狠地管教，后来社会风气渐开，反对"体罚"或反对过当的"处罚"，已经成为社会的主流声音。

然而教师面临新旧思维的转换，顿时无所依据，而成为另类的"弱势群体"。因为众人的声音皆是"不要体罚"，但很少有组织地教导老师该如何面对失序的孩子，在教学遇到挫折时该如何自处，致使有些教师感觉自己管教学生比什么都不管还要糟糕，便会忽视了教师的权力与责任。

大部分教师将处罚更改为罚站、罚写、劳动、记过，但这样的反馈，有时对学生没有强制的约束力，我认为关键在于，秩序的维系不仅靠规则，还有教师个人的人格特质。教师传达与执行规则的方式、思维与态度，是一门重要课题。

但规则的制定、讨论与执行，牵涉复杂且可以多方探索。我的方向是简单的规则，清楚且一致性的反馈，也可以在反馈时看见孩子的正面，并且照顾孩子感受，联结孩子深层的感受。

比如小橡上课时和同学吵闹，影响课堂秩序，可以定规则：干扰课堂的同学，教师有权力请他罚站，协助他了解自己在干扰上课，让他冷静下来。

教师看见小橡吵闹，应先深呼吸，稳定自己的情绪，沉稳淡定地站在小橡面前执行规则："小橡，站起来。"

小橡这样的孩子，常常会很不情愿地大声说："我又没怎么样！"

老师应停顿，语气平稳地表达自己的信息："你吵到我上课了。"

小橡这样的状况，常常会指着旁边的同学说："是阿果先打我的，又不是我吵闹。"

阿果往往此时也会有反应，但教师不应去当法官，应专注于让孩子意识与负责任。

老师应语气平稳，既照顾感受，又传达规则："你这样不是很委屈吗？你应该告诉老师，老师就会请阿果站起来，你刚刚怎么不告诉我，让我来处理呢？"

小橡可能不说话。

老师可以联结小橡的深层感受（渴望）："老师很欣赏你，因为我叫你站起来，你虽然不高兴，但仍然站起来了，你不仅遵守教室的规则，也很尊重我。"

过了三十秒之后，老师便请小橡坐下来。

通常小橡再次吵闹的时间会拉长，教师再次使用正面的好奇，小橡会逐渐改善上课表现。

教师带一个班级，遇到的状况众多，不是背诵每一种状况下的应对，而是要有一个清楚的目标与脉络。因此我常常在教师工作坊中，在讲述基础脉络与架构之后，进行模拟的演练，让教师在各种状况中学习觉察与调整自我，并且知晓如何反馈简单清楚的规则，并且讨论反馈内容是否符合脉络，是否符合规则。教师经过多次练习，便会对不同情境有更多体验了。

至于家庭里面的规则不明显，因此父母要注重如何以信息作为界限，如何与孩子讨论规则，并且拥有"良好的互动模式"，这是教养成败的关键。

良好的互动模式：

父母与教师传承良好的对话的方式、对话的态度、对话的脉络，将影响孩子的态度、观点与思维，使得孩子健康成长，让孩子具有更宽阔的心灵与视野。当然也更勇于好奇与探索，发展自己美好的特质。

本书使用了最大篇幅所讲述的几个要点，是身教的一部分，也是建构家庭与课室文化中最细微、重要的一部分。我将本书提出的脉络整理归纳为简单的纲目，作为和孩子互动时注意的要点。但读者必须注意的是，这些纲目要点，并不只是一种技巧，而是一种内化过后的生命体验，才可能为孩子带来深刻的转化：

◆ 在肢体的仪态上：

1. 让自己的肩颈处于放松状态。

2. 双手自然放置，不做出指责、讨好、超理智与打岔的姿态，专注且放松地对话。

3. 眼神与谈话的人尽量维持同一水平，亦即眼睛的高度相当。

◆ 在说话的语气上：

1. 说话的声调尽量平稳，勿将声音紧缩在喉头处。

2. 语速平静缓慢，切莫急促。

3. 说话之前深深呼吸，安定自己的内在。

常以 5A 与自己对话，觉知、整理自己内在的情绪：

• 觉知（aware）情绪

• 承认（acknowledge）情绪

• 允许（allow）情绪、接受（accept）情绪

- 转化（action）情绪

- 欣赏（appreciate）自己

◆ 对话中尊重及联结孩子的感受：

1. 专注倾听。

2. 不是先解决问题，而是先学会陪伴。

3. 当觉察孩子可能有情绪，除了予以接纳之外，语言中可以重复孩子的情绪：我知道你很生气。我知道你很难过。我知道你很害怕。我知道你很紧张。我知道你很焦虑……

◆ 对话中联结孩子的深层感受（渴望），在对话或情境中，让孩子感受自己是：

- 有价值的

- 被尊重的、被接纳的

- 有意义的

- 有所选择的，有为自己负责的自由

- 被爱的

- 有安全感的

- 被信任的

◆ 以丰富正面的眼光，探索与启发孩子的正面特质：

- 以整体脉络看待孩子，而不以单次的事件判断孩子。

- 真心地好奇与探索孩子，并且去掉谈话中的"为什么"，将惯性语言改为"我很好奇……"与各种关于"好奇"的问话方式。

- 好奇是发自心灵的关心与探索，而非一种运用的策略。

- 以开放的探索，搭配选项询问，将开放条件寓于选项之中。

- 正面的含义，是看到孩子的资源及渴望。

◆ 停顿与觉察

- 遇到事件发生，脱离过去惯性的方式，停顿而不重复过去的回应，是个良好的开始。

- 停顿是一个有意识的动作。

- 停顿也是觉察自己内在的一门功课。

- 深呼吸就是一种停顿。